ライブ！ 音楽指導クリニック③

学校行事で使える音楽活動のアイデア

城 佳世 編著
八木正一 監修

G学事出版

デジタル教材（パワーポイント教材）の使い方

★以下のサイトで、本書のデジタル教材を閲覧または
ダウンロードできます。

https://www.daigakutosho-dokusha.com/live-ongakuclinic/3/

◆電子黒板

パワーポイントが使えるパソコンに、教材をダウンロードしてご使用
ください。

◆パワーポイントが使えるタブレット（Windows、Chrome 等）

教材を配布（共有）してご使用ください。

◆パワーポイントが使えないタブレット（iPad 等）

①パワーポイントが使えるパソコンに教材をダウンロードします。

②パソコンを使って、デジタル教材（パワーポイント教材）を、PDF
またはJPEGファイル交換形式で保存します。アニメーション機能
を使用する場合は、MPEG-4ビデオ形式で保存します。

③ファイルを配布（共有）してご使用ください。

※教材の文字・イラスト・写真は、必要に応じて差し替えてください
※デジタル教材の著作権は、各著者にあります。二次配布等はしないでください。

監修のことば

聖徳大学　八木正一

　音楽指導クリニックシリーズが生まれかわります。その名前も『ライブ！音楽指導クリニック』。ハイブリッドな書籍で、専用のウエブサイトからダウンロードできるデジタル教材満載のシリーズです。紙面で授業の概要をつかみ、あとはダウンロードした教材を教室で映して授業を進めるだけ。教材のプリントの作業も不要です。もちろん、操作は簡単、誰でも OK です。

　本書は、本シリーズの3巻目として刊行されました。学校では、じつに多くの時間、さまざまな場所で音楽を使った活動が行われています。こうした活動を豊かに組織し音楽の授業とリンクすることで、子どもたちの音楽的な力は飛躍的に成長します。とくに学校行事を楽しくする音楽活動をまとめたものです。こうした発想で編まれた書籍は初めてです。子どもたちの楽しそうな顔が目に浮かんでくるアイデアが満載されています。

　本シリーズの1巻目は、『スキマ時間を活用した音楽科授業プラン』です。誰も発想しなかった「スキマ

時間でできる音楽授業」のプランが満載です。スキマ時間でもこんなに深い授業ができるのかと驚かれることでしょう。すぐできて深く学べる音楽の授業を提案しています。同時に、授業づくりの考え方やコツがわかるように編まれているのも特徴です。

2巻目として刊行されたのは、『評価が手軽にできる音楽科授業プラン』です。授業と評価は深くかかわっています。でも、どうも評価は苦手と思っておられる先生も多いようです。そのような先生にもピッタリの一冊です。評価の基本的な考え方はもちろん、具体的な授業プランに即して、評価の方法を学ぶことができます。「何だ、そのようにすればよいのか」と目から鱗です。すぐ使えるさまざまな授業プランに出会えるのもうれしい一冊です。

授業の主役はもちろん子どもたち。主役の子どもたちが楽しめる授業をつくることは、じつは教師の一番の楽しみなのです。本シリーズが子ども、教師双方を楽しくするものであることを確信しています。

はじめに

　近年、学校をとりまく環境は、大きく様変わりしました。パソコン、電子黒板、タブレットなど、一昔前までは、想像もつかなかったような機器が、あたりまえに使われるようになりました。本書には、電子黒板やタブレットパソコンなどで、すぐに使えるデジタル教材を満載しています。これを紹介することが本書の目的のひとつです。

　本書の目的は、もうひとつあります。それは、子どもたちにとってわかる授業、楽しい授業を紹介することです。本書は、デジタル教材を使わなくても授業ができるように構成しています。

　わかる授業、楽しい授業はどのようにしてつくられるのでしょうか。本を読んだり、インターネットで指導方法を検索したり、研修会に参加したりして、新しいネタを仕入れる方も多いと思います。

　今、本書を手にしている方が、まさにそうでしょう。しかし、さらに大切なのは、ネタを仕入れたあとに、子どもの実態に合わせアレンジすることです。これにより、よりよい授業が生まれます。その授業を共有し、さらにアレンジを加えることで、もっともっとよい授業が生まれます。わかる授業、楽しい授業は教育実践の積み重ねです。

　本書の実践事例も、八木正一編著「音楽指導クリニックシリーズ」(学事出版) 及び、これまでに見たり、聴いたりした授業に、新たな知見を加え執筆しています。音楽の授業づくりに少しでも役立つことを願っています。

2021年4月

編著者　城　佳世

ライブ！音楽指導クリニック ③
学校行事で使える音楽活動のアイデア
もくじ

第1章

学校行事と音楽科

第**1**節 学校行事のメリット

1 学校行事における音楽科のメリット

　入学式や卒業式、そして学芸会、地域の方との交流会など、音楽と行事は切っても切れない関係にあります。行事の音楽には、子どもたちのがんばりをアピールしたり、学校と保護者や地域の連携を図ったりする役割があります。

　そのため、保護者からの期待も大きいようです。プレッシャーを感じて、「あー。またこの季節がやってきた。」と頭をかかえる方も少なくないでしょう。もちろん、学校行事を楽しみにしている方もいらっしゃいますね。「子どもたちのやる気があがる。」「子どものがんばりを保護者に認めてもらえる。」などのメリットがたくさんあるからです。

　ここでは、行事のメリットを、子ども、および教師のそれぞれの立場から考えます。

2 子どものメリット

　子どものメリットには、大きく次の3つがあります。

（1）音楽の技能の向上
（2）音楽の授業へ還元
（3）信頼関係の構築

（1）音楽の技能の向上

　発表に向けて、子どもたちはいつも以上に練習を重ねます。そして、よりよい演奏をしようとしたり、作品をつくったりしようとします。行事に向けての練習は、子どもたちに、技能をしっかりと身につけさせる大きなチャン

スです。一生懸命練習に取り組み、身につけた技能はなかなか忘れません。また、行事で身につけた技能は、音楽の授業にも生かされます。

　技能を向上させるポイントは、子どもの実態よりもちょっとだけ難しい曲を選択することです。1割増し、いや、0.5割増しぐらいで構いません。やさしすぎても難しすぎてもダメです。音域が少しだけ広い曲を歌ったり、シャープやフラットの数がいくらか多い曲をリコーダーで演奏したりすることが考えられます。音楽嫌いをつくらないためにも、ちょうどいいさじ加減が大切です。

ちょっとだけ
難しいけど
がんばるぞ！

（2）音楽の授業への還元

　人間の欲求の一つに「承認欲求」があります。「承認欲求」とは、他人に認められたい、尊重されたいという欲求のことです。アブラハム・マズローは、人間の欲求を「生理的欲求」「安全欲求」「社会的欲求」「承認欲求（尊重欲求）」「自己実現欲求」の5段階（晩年には6段階）に分けています。その上で、人間は「承認欲求」が満たされると、よりよい自分の姿を求めようとする「自己実現欲求」が生まれるとしています。つまり、他の学年の子ども、教師、保護者、地域の方など数多くの方からほめられたり、認められたりすることで、「よりよい音楽をつくりたい。」「うまくなりたい。」という欲求が生まれるのです。そして、「うまくなりたい。」「よりよい音楽をつくりたい。」という欲求は、音楽の授業に還元されます。子どもたちが、音楽の学習に意欲的に取り組むようになるのです。

　他者にほめられる発表のポイントは、ズバリ見映えです。保護者や地域の方にも嗜好があります。当然、受けがよいものと受けが悪いものがあります。素晴らしい演奏をしているのに、それほどまでの見た目がない場合もありま

す。一方で、見た目ほど難しくないにもかかわらず、すごい演奏をしている
ように見えるものもあります。箏の演奏などは、とても難しそうにみえます
ね。行事ではぜひ、見映えがするものを発表しましょう。発表会などで、よ
く演奏される曲は、一見使い古されているようにみえますが、やさしく見映
えがするものが多いです。参考にしてみましょう。

　また、ビジュアルに訴えるのもよい方法です。おそろいの帽子（例えば、
紙でつくった三角帽子など）をかぶる、イラストや文字を書いたフリップを
使う、プロジェクターで背景を映し出す、などのちょっとしたアイデアで、
見映えはぐっとよくなります。

　そして、行事のあとには、保護者や地域の方の言葉を子どもたちにフィー
ドバックしましょう。保護者や地域の方に協力を得て、感想を書いてもらっ
たり、子どもたちへのメッセージを録画したりするとよいですね。許可を得
て、学級通信などに掲載するとよいでしょう。

（3）信頼関係の構築

　行事に向けてのうたや楽器を練習する過程では、子どもたち同士、そして
子どもと教師との人間関係を育むこともできます。

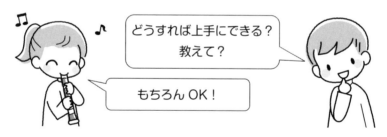

どうすれば上手にできる？
教えて？

もちろんOK！

　おとなしいと思っていた友だちがリズム感がよいことに気づいたり、あま
り親しくなかった友だちがリコーダーの運指を教えてくれたりする体験を通
して、子どもの中に新たな人間関係が生まれます。思いがけない子どもから
リーダー性が見い出されることもあります。子どもがお互いを認め合う学級
づくりにもつながりますね。

　また、合唱や合奏など、みんなで一つの演奏をつくりあげることは、集団
への帰属意識を高めます。つまり、集団の中での居場所を実感することがで
きるのです。これは、安心して学校生活を送ることにもつながります。

3 教師のメリット

教師のメリットには、大きく次の3つがあります。

（1）地域や保護者からの信頼獲得
（2）教員同士の信頼関係の構築
（3）物品購入に活用

（1）地域や保護者からの信頼獲得

○○小学校の子どもは
いい子ばかりだねぇ。

　不思議なもので、学校からステキな歌声が聞こえたり、合奏の音が聞こえたりすると、保護者や地域の方は、「落ち着いたいい学校だな。」という印象をもちます。

　同じように、ステキな発表も保護者や地域に「よい学校だな。よい学級だな。」のような印象を与えます。「学級がバラバラなのではないか。」などの心配をしている保護者の方も、子どもが団結して歌ったり、合奏したりしている姿、満足げな表情を見ると安心するようです。また、「A小学校の子どもは荒れている。」などのうわさをはねのけることもできます。行事を成功させることは、教師の信頼、学校の信頼を獲得することにつながります。

（2）教員同士の信頼関係の構築

　学校行事では子どもだけでなく、教師同士の信頼を生みだすこともできます。わからないことがあれば、音楽の得意な教師に尋ねてみましょう。それだけでも、ぐっと距離が近づきます。

　一方、音楽専科の教師や音楽が得意な教師は、「自分が自分が……」と出すぎない配慮が大切です。そもそも音楽が苦手な教師は、「いやだなあ。」「うまくいかないなあ。」などの気持ちをもっています。そこにもって、上から

目線で「こうした方がいいですよ。」「きちんと練習させてください。」など
の言葉をかけられると、カチンときてしまいます。うまくいかないときこそ、
子どものいいところを見つけて、担任に伝えましょう。自分の学級の子ども
がほめられて嫌な気持ちになる教師はいません。「この先生と一緒に協力し
て、つくりあげたい！」という気持ちが生まれます。

　当然ですが、行事の発表は、担任の教師がつくりあげた学級の基盤の上に
成立しています。音楽専科や、音楽が得意な教師だけの手柄ではないことを
忘れてはいけません。いい指導ができたときこそ、「○○先生の日頃の指導
のおかげです。」と感謝の声をかけましょう。教師同士の人間関係を、子ど
もたちはよく見ています。担任の教師と一緒に、「うまくいきましたね！」
と喜び合える関係づくりが、行事成功のカギです。

（3）物品購入に活用

　行事は、いろいろな楽器や機材を購入してもらえるチャンスです。アンプ
やスピーカーなどの機材は、音楽の備品としてではなく、学校全体の備品と
して申請することで、予算を獲得しやすくなります。研究発表会などは、ま
さに大チャンスですね。

　また、授業参観などで、「こんな楽器がもっとあれば、こんなこともでき
るのですが……。」など、保護者にアピールするのも効果的です。PTA など
の予算で買ってもらえることもあります。行事を最大限に活用しましょう。

第**2**節 成功する3つのポイント

1 成功のカギは事前の準備

　行事では、大人が思う以上に子どもたちが張り切ります。低学年の子ども
は「お客さんに見てもらえる！」というだけで、モチベーションが上がりま
すね。一方、高学年になると、不安や葛藤も出てきます。完成度が高いもの、
自信をもってできる内容であれば、「見てもらいたい！」の気持ちは高まり
ますが、完成度が高くないもの、自身の意にそぐわないもの（自分はこれが
やりたかったのに……など）や、自信がもてない内容のときには、「やりた
くない。」「見られたくない。」などの気持ちが生まれます。では、どうすれば、
行事がうまくいくのでしょうか。ポイントは3つあります。

（1）完成度を高めること
（2）子どものモチベーションを上げること
（3）環境を整えること

（1）完成度を高めること

　合唱や合奏の指導にはコツがあります。教師がコツをつかめば、子どもの
力は短時間でもぐんぐん伸びます。第2章以降を参考にしてください。

　選曲の際には、先述のように難しすぎない曲を選ぶこと、そして、子ども
の意思を尊重することが大切です。楽譜を複数準備し、子どもたち自身に選
択させましょう。「曲を決めたのに、楽譜がなかった。」「難しすぎてできな
い。」などの状況は、子どものやる気を失わせます。

　合奏などのパート分けでも、できるだけ子どもの意思を尊重したいもので
す。子どもが自身で「やる！」と決めた楽器は、最後まであきらめずに練習
をがんばるからです。

（2）モチベーションを上げること

　子どものモチベーションは、自信をもたせることで向上します。発表直前には、子ども自身に「よーし！かっこいい演奏ができあがったぞ。」と実感させることが大切です。「いいところをみせるぞ！」という気持ちが増します。

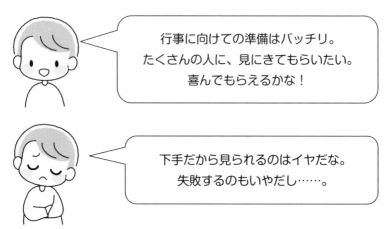

行事に向けての準備はバッチリ。
たくさんの人に、見にきてもらいたい。
喜んでもらえるかな！

下手だから見られるのはイヤだな。
失敗するのもいやだし……。

　モチベーションを向上させるきっかけになるのは、動機づけです。動機づけには、内発的動機づけと外発的動機づけがあります。

　内発的動機づけとは、演奏そのものが子どものモチベーションとなってがんばる状態のことです。「自分で鳥肌がたってきた。自分の学年はすごい！」と感じると、やる気が増しますね。

　もちろん、「十分には仕上がっていない。」ということもあると思います。そのようなときには、音がよく響くところでリハーサルをするなどの工夫をしてみましょう。廊下の奥、階段の下などで最後の仕上げをするのです。階段の下は、音が響きます。自身の声が反射しますので、「自分たちの演奏は上手だ！」と感じます。それだけでも、やる気がぐっと増します。

　外発的動機づけとは、ほめられたり、認められたりすることがモチベーションとなってがんばる状態のことです。発表の直前になって、「まだ、リズムが合っていない。これじゃダメ。」「こんなことじゃ、喜んでもらえないよ。」などの声かけはやめましょう。子どもの自信を失わせます。また、行事そのものに参加する気がなくなってしまうことにもなりかねません。発表

の直前には、子どもを「ほめる」ことが大切です。

子どもをほめるときの、ちょっとしたコツに「比較」があります。

すごい！ 先生が、今まで指導した合奏の
なかで、音の合わせ方が一番上手ですよ。

「今まで指導した合奏」、また「他の学校」などと比較してほめると、単に
「上手にできるようになりましたね。」よりも、うれしく感じます。客観性が
増すからです。「比較」を上手に使って子どもをほめましょう。

また、練習をした過程を評価することも大切です。保護者や地域の方が参
観するのは当日だけです。つまり、練習の過程を評価することができるのは、
教師だけなのです。

休み時間も頑張って練習してきましたね。
ここまで頑張ったんだから大丈夫！

可能であれば、他の教師にお願いして、声をかけてもらうとよいでしょう。
「いい音が聞こえていたね。楽しみにしているよ。」などの一言は、子どもの
大きな自信になります。

（3）環境を整えること

行事の発表は体育館のステージや公民館など、いつもの教室とは異なる環
境で行われることも少なくありません。子どもたちにとって、最適な環境を
整えたいものです。

体育館やホールなどのステージでは、演奏をする位置によって音の響きが
異なります。教師が事前に歌ったり、音を出したりして、響く場所を確認し
ておくとよいでしょう。ステージの背面にある布カーテンなど、吸音性の高
い素材は取ってしまった方がよく響きます。反響板などがある場合は、ぜひ
使いましょう。ホワイトボードなどで代用しても構いません。白く色を塗っ

たベニヤ板などを準備しておけば、反響板として活用することができます。なお、クラシック音楽の残響音は2〜3秒が適しているといわれていますが、子どもは少し長いくらいが気持ちよく感じるようです。

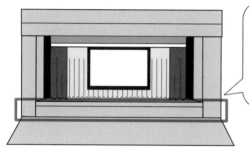

ステージ前方のせり出しは声や楽器の音が響きません。天井や横に壁がある方が響きます。ちょうどよい場所をみつけましょう。

　施設によっては、ステージ上ではよく響いているのに、座席には届かないなどということがあります。リハーサルのときに、確認しておきましょう。

　合奏では、楽器の配置を工夫します。大太鼓や小太鼓などの打楽器はあまり響かない位置に、リコーダーなど音量の小さい楽器はよく響く位置にバランスよく配置します。打楽器の音が響きすぎると、音量の小さな楽器は、聞こえづらくなるからです。また、全体のハーモニーを感じて合奏することもできなくなります。

　合唱では、次のようにピアノを真ん中に置くと、子どもたちも、ピアノの音を間近で聴きながら歌うことができます。ぐっと歌いやすくなります。

電子ピアノなどで演奏する場合は、子どもの後方にスピーカーなどを設置、

接続して演奏するとよいでしょう。伴奏の音が聴こえやすくなります。なお、スピーカーを子どもよりも前方に設置している会場をみかけることがありますが、おすすめしません。スピーカーからの音は後方に聞こえづらいからです。

　CDやパソコン、タブレットなどの音源や、プロジェクターの映像などを使う際には、必ず事前に接続などを確認しておきます。音量が小さいときには、アンプにつないで音を大きくするなど、環境を整えておきましょう。「あれ？　音が出ない」などのトラブルは、発表を台無しにしてしまいます。

　パソコンやタブレットから音を出すときには、アンプやスピーカーに接続します。家庭では、Bluetooth（ブルートゥース）で、スピーカーやヘッドフォンに接続して、音楽を聴いている方もいらっしゃると思います。しかし、それらの機器は出力が小さく、学校の体育館などで使用するのは難しいようです。ケーブルで学校のスピーカーに接続するとよいでしょう。ヘッドフォンなどの出力端子から、ステレオやアンプの入力端子にケーブルを接続すればOKです。マイク用のアンプにつなぐこともできます。

　学校の行事は教育の一環です。子どもたちが気持ちよく演奏できることを第一に考えたいものです。気持ちよく演奏している子どもの姿、すてきな表情も、よい発表の味つけとなります。

第**3**節 どんな出し物をすればいい？

♪ 1 1学期の行事

（1）入学式

　入学式は新1年生にとっても、保護者にとっても、学校の第一印象が決まる一大行事です。明るく元気な曲を演奏しましょう。1年生が楽しめるうたを一緒に歌ってもいいですね。小学校では、『一年生になったら』（まど・みちお作詞、山本直純作曲）『ドキドキドン！一年生』（伊藤アキラ作詞、櫻井順作曲）は、保育園や幼稚園で歌った経験がある子どもも多いようです。中学校では、ハモリのきれいな合唱らしい曲を歌いましょう。「おおっ。さすが中学生！すごいなあ。先輩みたいになりたいなあ。」と感じます。

（2）歓迎会

　この時期の小学校1年生は、じっと座って音楽を聴くだけでも一苦労です。一緒にできる手遊びうたを歌ったり、ペープサートなどの小物を使ったりすると喜びます。『ドレミのうた』（ペギー葉山訳詞、リチャード＝ロジャース作曲）でドレミ体操をしたり、『世界中の子どもたちが』（新沢としひこ作詞、中川ひろたか作曲）を手話で歌ったりしてもいいですね。「となりのトトロ」の主題歌『さんぽ』（中川李枝子作詞、久石譲作曲）や、「忍たま乱太郎」のオープニングソング『勇気100％』（松井五郎作詞、馬飼野康二作曲）など、アニメの曲を歌ってもよいでしょう。

（3）うたごえ集会など

　少ない練習時間で発表するためには、日頃からレパートリーをつくっておくことをおすすめします。教科書の曲に楽器を加えるなど、ちょっとだけアレンジをしてもいいですね。プロジェクターで、うたの場面に合った背景や歌詞などを映すと、手軽に見映えがします。

 # 2　2学期の行事

（1）音楽発表会・文化祭など

　学校の中で、運動会と並ぶ大きな行事が、音楽発表会や文化祭です。楽しみにしている保護者も多いですね。合唱、合奏など、練習は大変ですが、そのぶん達成感も大きくなります。筆者が大学生に「一番記憶に残っている音楽授業は？」とたずねたところ、「音楽会に向けてみんなで練習したこと、すばらしい演奏ができたこと。」の回答が最も多く得られました。心に残る行事だということがわかります。

　発表では、合唱、器楽合奏のほか、ボディパーカッション、打楽器アンサンブル、カスタネットアンサンブルなどもおすすめです。『手拍子の花束』（山田俊之作曲）、『スペインのカスタネット』（中村彩子作曲）などは取り組みやすく、見映えがします。

　他教科と連携を図るのもよいでしょう。カリキュラムマネジメントの観点からもおすすめです。『大きなかぶ』や『ごんぎつね』など国語科と関連づけて音楽劇をしたり、社会科と関連づけて世界各国の音楽を演奏したりしてもよいでしょう。体育科と関連づけて踊ったり、アルファベットのフリップ

を見せながら、英語のうたを歌ったりするアイデアもあります。

(2) 授業参観や親子レクリエーションなど

　保護者を巻き込み、参加型の活動にするのがおすすめです。一緒にうたを歌ったり、音楽ゲームに参加してもらったりするとよいでしょう。子どもたちも喜びます。その際、「ずっと我が子と一緒」とならないように配慮することが大切です。保護者が参加できない家庭もあるからです。第4節にグループ分けのアイデアを掲載しています。ぜひ参考にしてください。

(3) 総合的な学習の時間など

　お年寄りとの交流では、お年寄りがよく知っている曲を選ぶのがポイントです。わらべうた、唱歌、童謡など、子どもとお年寄りが一緒に歌えるうたを選んで発表すると喜ばれます。時間があるときには、手合わせなどを一緒にするとよいでしょう。『茶つみ』(文部省唱歌)、『みかんの花咲く丘』(加藤省吾作詞、海沼実作曲) などがおすすめです。

　国際交流では、相手が知っているうたを歌うのがよいでしょう。『ドレミのうた』(ペギー葉山訳詞、リチャード=ロジャース作曲) や、『小さな世界』(若谷和子訳詞、シャーマン兄弟作曲)、『子供の世界』(小野崎孝輔訳詞、シャーマン兄弟作曲) はおすすめです。世界各国で、同じメロディが歌われているからです。日本語で歌っても伝わります。子ども同士の交流会などでは『かごめかごめ』や『花いちもんめ』などのわらべうた遊びを一緒にしてもいいでしょう。

（4）研究発表会・教育委員会の訪問など

　「〇年〇組のみなさんは、いつも頑張っていますね。その様子を見るために、たくさんの先生がいらっしゃいます。」と話をするとよいでしょう。「教師の参観」ではなく、「子どもたちの参観」であることを強調することがポイントです。子どもたちは大はりきりします。授業が終わったあとには、参観の先生方の感想をフィードバックするとよいでしょう。その後の授業のモチベーションにつながります。子どもをやる気にさせるよい機会です。うまく活用しましょう。

 ## 3　3学期の行事

（1）お別れ会

　下学年は卒業生へうたのプレゼントをすることも多いでしょう。学校生活の思い出とともに、『思い出のアルバム』（増子とし作詞、本多鉄麿作曲）を歌ってもよいですね。『思い出のアルバム』は保育園や卒園式で歌ったことがある子どもも多く、なつかしがって喜ぶこと請け合いです。

　合唱、合奏ともに、卒業生が知らない曲を演奏するよりも、知っている曲を演奏したほうが喜ばれます。卒業生が、過去に演奏した曲などがよいでしょう。1番をうた、2番をハミングのように構成し、途中で詩を読んだり、卒業生へのメッセージを入れたりしてもいいですね。在校生、卒業生ともに感謝の気持ちを伝え合いたいものです。

（2）卒業式

　卒業生にとっては、学校、そして友だちと歌う最後の機会です。同じメンバーで、同じ場所で声を合わせて歌うことはもうありません。中学校では、大人数で合唱すること自体が、生涯最後の経験になる子どももいます。

　卒業式におけるうたの力は絶大です。うたの場面で涙が止まらなくなってしまう子どもや保護者、教師も少なくありません。現在、もっとも多く歌われているのは『旅立ちの日に』（小嶋登作詞、坂本浩美作曲）です。卒業式のうたは、毎年新たな作品が次々に発表されています。子どもたちの気持ちに寄り添った曲を選びましょう。

第**4**節 行事に役立つ グループ分けのアイデア

　音楽の授業に限らず、学校では子どもたちをグループに分けて活動させることがいっぱいあります。

　普段は、どこの教室でも、だいたいグループ分けができているでしょう。しかし、たまには別のグループにして、子どもたちの気持ちを新鮮な状態にしたいこともあります。また、保護者参加型の活動では、新たなグループ分けをする必要も生まれます。そんなときの方法がこの実践です。教師が知っておくと、保護者参観や研究授業の際、「へえ、おもしろいグループ分けだ。」と好印象がもたれること請け合いです。保護者や参加者と一緒に行うことで、グループ分けの活動が盛り上がります。

(1) 準備

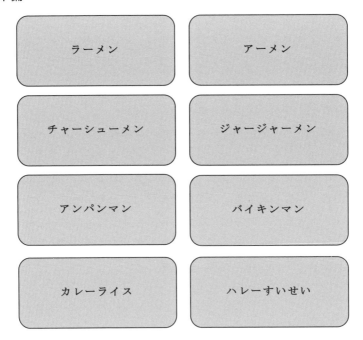

ラーメン	アーメン
チャーシューメン	ジャージャーメン
アンパンマン	バイキンマン
カレーライス	ハレーすいせい

パンダグッズ	パンナコッタ

　上記の単語を書いたカードを事前につくっておきます。ここでは10枚準備しました。グループはカードの枚数だけつくることができます。上記のカードを使うと10のグループをつくることができます。50人の子どもたちであれば、5人のグループを10組つくることができますね。30人を、それぞれ5人ずつ、6グループに分けたい場合は、「ラーメン」「アーメン」「チャーシューメン」「ジャージャーメン」「アンパンマン」「バイキンマン」の6枚だけを使います。これらのカードは、よくシャッフルしておきます。

（2）グループ分けの実際

　最初に、次のように声をかけます。

> 　今日は、いつもとはちがうグループをつくります。今から先生が、一人ずつカードを見せます。そのカードには、単語が書いてあります。それを見て覚えてください。その際、声は出してはいけません。

　そして、教師が順番に子どもの席をまわりながら、一人に1枚のカードを見せます。そして、そこに書かれている単語を記憶させます。他の子どもに見られないようにしてください。終わったら次のように話します。

> 　みなさん、自分が見たカードの単語を覚えていますか？　今から、席を立って、口の動きだけで同じ単語の仲間を探してください。絶対に声に出してはいけません。無音で、口の動きだけを見せ合い、同じ言葉の仲間と集まってください。では、立ちましょう。

　子どもたちは、自由に動きながら口の形だけで同じ言葉の仲間を探します。同じ単語の仲間が見つかったら、一緒に行動しながら、さらに友だちを探し

ます。

　なかなか仲間が見つからない子どもがいたら、「友だちのところに行って、自分の口の動きを見せてね。」など、声をかけます。しばらくたつと、グループがかたまってきます。できあがったら、次のように声をかけます。

> 　グループができたようですね。それでは、みなさんグループごとに、自分の単語のカードを「いっせいの！」で、声に出して言いましょう。

　子どもたちは、カードの単語を一斉に言います。カードのなかには、それぞれ似た言葉が入っていますので、例えば、「アーメン！」と子どもたちが声をそろえたとき、だれか一人だけが「ラーメン！」と発言したりします。これが、子どもたち全員の笑いを誘います。自分の所属するグループを確認し、違っていた場合は、改めて自分の単語のグループに入るようにします。

　この実践は、遊びによるものですが、声を出さないので静かに、グループ分けができます。通常、グループ分けに伴う、「ワイワイガヤガヤ」「あの子と一緒がいい」などの声が出ません。

　このグループ分けは５分程度でできます。授業の導入として、子どもたちの緊張がほぐれます。また、子どもたちが自由に動いて、仲間を探している間に、教師は授業の準備などができ、時間的余裕も生まれます。

第5節 発表会のプログラム

　見ている人を飽きさせないように発表会のプログラムを考えるのは、結構大変です。各学年10分程度の発表であればいいのですが、幼稚園や保育園、地域の方、お年寄りとの交流会などでは、少し長い時間が与えられることもあります。

　多くの方に楽しんでもらう内容にするためには、まず演奏会の対象がだれなのかを考えます。1年生なのか6年生なのか、幼稚園や保育園の子どもなのか、お年寄りなのか、地域の人なのか、対象となる人が知っている曲を選ぶことがポイントです。

　次に、教科書、楽譜集を参考に曲を選びます。楽譜集を選ぶ場合は、「子どもがよろこぶ歌」「昭和の歌」などのキーワードを手がかりにします。CDやインターネットなどを活用する方法もありますが、楽譜が手に入らないこともあります。自分の目で楽譜を確認し、子どもの力量に合ったものをさがしましょう。

　曲を選ぶときには、先にテーマを考えておくとよいでしょう。「花」や「動物」、「春」「お正月」などの季節や行事、「一日の生活」「春夏秋冬」のように決めておくと、曲が絞りやすくなります。お年寄りには「歌唱共通教材」なども喜ばれるでしょう。教師が挙げた候補曲から、子どもたちに選ばせるのもおすすめです。実際に曲を聴きながら、選ばせるとよいでしょう。鑑賞の授業と関連づけることもできますね。時間が何分あるのか、何曲ぐらい歌えるのかも確認しておきます。

　曲が決まったら演奏の順番を決めます。曲の順番を決めるポイントはメリハリをつけることです。静かな曲ばかりが続くと聴衆は眠くなってしまいます。また、にぎやかな曲ばかりでも飽きてしまいます。テンポの速い曲、遅い曲などを適度に組み合わせましょう。また、手拍子ができる曲など、参加者を巻き込むことのできる曲を途中で入れると飽きずに聴いてもらえます。

演奏会の始めは明るく元気な曲を選びます。オープニングは参加者との出会いの場だからです。『手のひらを太陽に』（やなせたかし作詞、いずみたく作曲）、『ドレミのうた』（ペギー葉山訳詞、リチャード＝ロジャース作曲）などの明るく、誰でもよく知っている曲がいいですね。演奏会の終わりも盛り上がる曲がいいでしょう。みんなが知っていて一緒に歌える曲などを入れます。終わりがよければ、参加者は「今日の演奏会、楽しかったね。」とポジティブな気持ちになります。必要があればアンコール曲も準備しておきましょう。

交流会のプログラムのこうせい

1　オープニング　元気で明るいうた　1曲

2　おじいちゃん、おばあちゃんが知っているうた　4曲
　・テーマを決める　「風景」「動物」「季節」など

3　エンディング　みんなでうたえる楽しいうた　1曲

　司会も大きなポイントです。近年はMC（マスター・オブ・セレモニーの略）とも呼ばれることもあります。短い曲の場合は、2〜3曲ごとに、少し長めの曲の場合は1曲ずつアナウンスを入れます。曲の説明、聴きどころ、練習でがんばったところなど、原稿を事前につくっておきます。観客へのインタビューを行ってもいいですね。ゆっくりと聞きとりやすい声で話すことが大切です。
　本番前には、必ずリハーサルをします。本番の会場を想定し、立ち位置などを決めます。ステージの大きさなどを事前に把握しておくことも大切です。

その上で、全体を通します。動画を撮影し、子どもと一緒に確認しながら、改善するとよいでしょう。子ども自身が改善点を見つけることは、主体的に練習を進めることにつながります。

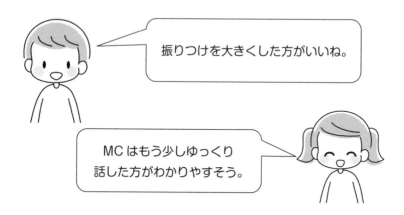

第6節 ちょっと気になる著作権

　現在、法律に基づいて、音楽著作権を管理しているのは JASRAC という団体です。JASRAC のホームページを見ると、以下の3つの条件に該当する場合は、演奏利用における著作権の手続きが必要ないことが示されています。（著作権法第38条）

（1）営利を目的としていない。
（2）名目を問わず、入場料をとらない。
（3）演奏者(歌手やバンド)や指揮者など出演者へ報酬の支払いがない。

　入学式、卒業式、文化祭など、ほとんどの学校行事において、合唱したり合奏したりすることには、問題がないことがわかります。同様に、授業の中で、楽器演奏をすること、市販の CD を流すこと、授業の課題として制作する動画に音声を入れること、また、動画投稿サイト上の動画を再生して見せることも認められています。なお、YouTube やニコニコ動画などの動画投稿サイトは、事業者側が JASRAC との許諾契約を結んでいますので、個別に許諾申請をすることなく、合唱や合奏などをアップロードしてもよいことになっています。

　一方、録音や録画をした CD や DVD などを配布する場合は、許諾が必要となります。詳細は JASRAC のホームページを確認してください。

第2章

歌唱の発表

1 うたと一緒に演奏できるのはどんな楽器

　文化祭や学習発表会で、子どもたちがうたと一緒に楽器も演奏できると、かっこいいですね。歌いながら楽器を演奏する場合は、軽くて持ちやすい楽器や、演奏が簡単で誰にでも音が出しやすい楽器を選ぶとよいでしょう。

2 リズム楽器と一緒に歌おう

　うたと一緒に演奏しやすい楽器の代表格として、リズム楽器があります。小学校の備品として必ずある主なものは、カスタネット、タンバリン、トライアングル、マラカス、鈴などでしょう。低学年の子どもたちでも演奏しやすく、また、一人ひとりがうたと同時に演奏しても、難易度が高すぎるということがありません。

　リズム楽器には、さまざまな音色のものがあります。雰囲気に合った楽器を選ぶとよいでしょう。例えば、秋の葉っぱがひらひら落ちる様子を表すには、鈴がぴったりです。拍に合わせて鈴を鳴らしましょう。演奏をする際には、右手をグーにして、鈴を握った左手の手首を軽く叩きます。拍にぴったり合わせて演奏することができます。『まっかな秋』（薩摩忠作詞、小林秀雄作曲）であれば、次のように演奏します。

夏に歌う『南の島のハメハメハ大王』（伊藤アキラ作詞、森田公一作曲）は、マラカスやタンバリンなどの楽器がよいでしょう。下の楽譜のように、鳴らすと南の島ののんびりとした感じが表れます。

　うたに合わせて楽器を演奏するときには、それぞれの曲の雰囲気に合った楽器やリズムを選ぶことが大切です。子どもたち自身に楽器やリズムを考えさせると、その楽曲への解釈が深まり、歌唱の向上にもつながります。

3　リコーダーと一緒に演奏

　小学校の器楽で使用される楽器のナンバーワンは、何といってもリコーダーです。3年生以降の器楽はリコーダーが中心です。そのため、うたと一緒に演奏する楽器の有力な候補となります。

　うたと一緒にリコーダーの演奏を行う場合、てっとり早いのは、うたの一部分をリコーダーにおきかえることです。うただけを歌うよりもかっこよくキマります。リコーダーを片手に持ったまま歌唱し、途中のメロディをリコーダーで吹きます。市販のストラップを使って、首からリコーダーを下げておくのもよい方法です。市販のストラップには、あやまって首に巻きついたときには、外せるしかけがついています。紐などで代用する場合は、十分な注意が必要です。

　ここでは、4年生の歌唱共通教材『とんび』（葛原しげる作詞、梁田貞作曲）を例に演奏してみましょう。「ピンヨロー」というとんびの鳴き声の部分をリコーダーで演奏すると、まるで本物の鳥の鳴き声のような雰囲気を出すことができます。

　授業参観などでは、「うただけの場合」と「うたとリコーダーで演奏した場合」とを比較し、曲の雰囲気がどう変わったかを考えさせるとよいでしょう。

『とんび』を歌ってみよう

まずは普通に歌ってみよう

とべとべとんび 空高く
なけなけとんび 青空に
ピンヨロー ピンヨロー
ピンヨロー ピンヨロー
楽しげに わをかいて

　『クラリネットをこわしちゃった』(石井好子訳詞、フランス民謡)も、リコーダー演奏をとり入れやすい曲です。この曲には「オ パキャマラドパキャマラド パオパオパンパンパン」という不思議な歌詞部分があります。この部分、実はフランス語の歌詞がそのまま使われています。ここのメロディをそっくりそのままリコーダー演奏におきかえてみましょう。やや速い曲なので、指づかいが少々難しいのですが、うただけで演奏するより、慌てたような楽曲の雰囲気がより強くなります。上手に演奏できた際には、拍手喝采間違いなしです。

 ## 4　身体を使って演奏

　手拍子や足踏みなど、自分の身体を使ってリズムを刻み、うたと一緒に音楽を奏でるという方法もあります。手拍子や足踏みは、元気のよさを感じさせるため、『赤とんぼ』や『夕焼け小焼け』などの、ゆったりした、静かな曲には不向きです。元気のよい曲を選びましょう。

　手拍子や足踏みは、その場にいる他クラスの子ども、保護者、地域の人々など、誰でも参加することができます。どこで手拍子や足踏みをするのかを

事前に説明し、一緒にできる活動を仕組むとよいでしょう。参加者たちの「参加感」を高めることができます。

　ここでは、『うさぎとかめ』の事例を紹介します。まずは準備運動です。右手と左手の叩き分けをします。子どもたちがうたを歌い、参加者は左右マークの入ったスライドを見ながら、㊤マークの部分は右手で自分の右足、㊧マークの部分は左手で自分の左足を叩きます。ダウンロード教材は伴奏入りです。

そして、次は本番、『ピクニック』（萩原英一訳詞、イギリス民謡）です。参加者は、『ピクニック』の曲の教材スライドを見ながら、手拍子のマークの部分だけを叩きます。🖐のマークが２つあるところは、手拍子を２回叩きます。ダウンロード教材にはピアノ伴奏も入っています。

▶『ピクニック』に手拍子を合わせよう(✋のところで手拍子を1回たたいてね)

おかをこえ行こうよ✋ー	おかをこえ行こうよ✋ー
口ぶえふきつつ	口ぶえふきつつ
空はすみ　あおぞら✋ー	空はすみ　あお空✋ー
まきばをさして✋✋ー	まきばをさして✋✋ー
歌おう✋✋ー　ほがらに✋✋ー	歌おう✋✋ー　ほがらに✋✋ー
ともに手をとり	ともに手をとり
✋ラララララ　✋ララ✋ララ	✋ラララララ　✋ララ✋ララ
ラララ　あひるさん	ラララ　いぬくんも
(✋ガァ✋ガァ)	(✋ワン✋ワン)
ララ　ラララ　やぎさんも	ララ　ラララ　にわとりさん
(✋メーエ)	(✋コケコッコー)
ララ　うたごえあわせよ	ララ　うたごえあわせよ
足なみそろえよ	足なみそろえよ
きょうは　ゆかいだ✋✋ー	きょうは　ゆかいだ✋✋ー

　二つの手拍子の活動は、ゲームの要素も含んでいます。さまざまな人との交流会で実践することにより、場の雰囲気もなごみます。子どもたちのうたと会場の手拍子が重なることで、子どもたちも大きな達成感を味わうことができます。

第2節 すてきな合唱&かっこいい指揮

1 合唱が上手に聴こえるポイント

　合唱は、複数の声を合わせる音楽です。いくつかのポイントを押さえることで、ぐっと上手に聞こえます。ここでは『海』（林柳波作詞、井上武士作曲）を題材に4つのポイントを紹介します。もちろん他の曲でもOKです。行事で歌ううたを題材に展開するとよいでしょう。

（1）伸びる音は伸ばす：3拍目の頭までが2拍

　合唱（合奏）では「伸びる音」を拍数どおりに伸ばすと、きれいに演奏できます。しかし、残念ながらほとんどの場合、拍数どおりに伸ばすことができていません。よって、なにか物足りなく、音楽がブツっと切れた感じになってしまいます。例えば、2拍の音は3拍目の頭まで、3拍の音は4拍目の頭まで音を伸ばすことが大切です。

　本事例では、子どもたちに『海』を一度歌わせてから、次のように話します。

　「大きいな」の「な」の音は何音符ですか。二分音符ですね。二分音符は音を2拍伸ばします。では、2拍の音符の終わりはどこでしょう。3拍目の頭ですね。そう。2拍の音は3拍目の頭まで伸ばさなければならないのです。音のもつ拍の長さを最後まで丁寧に、意識して伸ばしましょう。

このときに、忘れてならないことは、「演奏は拍のもつ長さよりも少し長めに伸ばしたほうがよい。」ということです。説明したら再度歌わせます。子どもたちのうたに合わせて「1、2、3の頭！」というようにリズムをとると、音が伸びるようになります。

（2）伸ばす音は遠くに届けるように

　一般に息を使って伸ばす音は、かならず「音程が下がる」ものです。これがあたりまえなのです。しかし、「音程が下がらないようにしましょう。」と指示を出しても、子どもはよくわかりません。音程が下がっている、下がっていないということを、子どもたちは耳で判断することができないからです。次のような指示を出しましょう。意外に音程が下がらず、有効に働きます。

おおきい　な－

先生のうしろにある黒板の上に音を届けましょう

　長く上手に伸ばせるようになってきましたね。ここで、かっこよく音を伸ばせる方法を教えます。先生のうしろにある黒板の上のほうに、伸びる音（ここでは「な－」という語です）を届けるように歌ってみましょう。

　なお、ディミニエンドしながら伸ばす音の場合は、さらに音程が下がりやすくなります。「山の向こうにそっと音を届けるようにしましょう。」という指示をするとよいでしょう。

（3）合唱では「子音」を大切に

　日本語は、母音と子音との組み合わせによる言語です。母音と子音についてローマ字の表記をもとに少し説明します。ローマ字で「カキクケコ」は次のように書きます。

　　　Ka Ki Ku Ke Ko

　このとき、母音にあたるのが「a i u e o」です。子音にあたるのが「K」

です。「アイウエオン」以外の日本語は、母音と子音の組み合わせで構成されています。そして私たちは、言葉のほとんどを「子音」の、しかも最初に発音する子音でほとんど理解しています。

たとえば「広い」という言葉があります。ローマ字で表記すると「Hi Ro I」です。このうち、子音の「H」が明確に聞こえれば、聴き手は前後の言葉の関係性で、「広い」と理解します。これが聞こえないと「いろい」とか「ろい」とか、違う言葉に聞こえてしまいます。

歌うときには、子どもたちに少し子音をおおげさに発音させましょう。それだけで言葉がはっきり聞こえます。次のように話します。

かっこよく歌えるようになってきましたね。今度は言葉に着目しましょう。残念なことに、みなさんのうたは「海はいろい」に聞こえます。まねしてみますね。

そして、教師が「海はいろいな　大きいな」と歌います。子どもたちからは笑いが出るでしょう。そこで、「広い♪のHを強くうたってみよう！」と指示をして歌わせます。これだけで、言葉が明瞭に聞こえます。教室より、大きなスペースになればなるほど、言葉がはっきり聞こえます。「言葉が聞こえない」ときに、よく「大きな声で」と言いますが、いくら大きな声でいくら歌っても、言葉は正確に聞こえないのです。

子音を強調して発音すると、「自然な発音でなくなるのでは？」と考える方がいらっしゃるかもしれません。しかし、それでよいのです。表現というものは、表現するほうが「不自然」であっても、表現を「受け取る側」が自然に聞こえればよいのです。漫才を例に挙げましょう。二人の漫才コンビはほとんど、二人とも前を向いて客に向かって話しています。本来、話をするとき、二人は向かい合って話をするはずです。しかし、コンビは客に向かって話をするのです。考えれば、とても不自然なことです。しかし、漫才を聴く客には、それが「自然」なことなのです。

なお、「さしすせそ」は、「SA」「SHI」「SU」「SE」「SO」ですが、この際、「S」は、「さ」の「S」を有声音にしないで、無声音にしたほうが、「さしすせそ」がきれいに聞こえることが多くあります。子どもたちと一緒に「有声」

がいいか「無声」がいいか、試して、どちらで歌うかを決めるのも、学習の
ポイントになります。

（4）「p」は「弱く」、「f」は「強く」ではない

　私たちは、強弱記号で「p」は弱く、「f」は強く表現すると考えがちです。
これは間違いです。

　「f」で強い音が出ない合奏でも、「p」がうんと弱い演奏でしたら、先の
「f」は「強く」聞こえるのです。

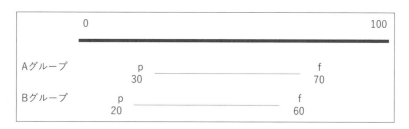

　上記の図を見てください。音のない状態を0として、大きな音を100とし
ます。Aグループの合奏は、「p」が30、「f」が70です。その差は、40です。
Bグループは、「f」は60しか出ません。でも、「p」は20です。そうしたと
き、AもBも、その強弱の表現には差がありません。どちらの表現も同じレ
ベルの強弱がついていることになります。このように「p」と「f」は相対
関係にあります。一般には、「p」と「f」の差が大きいほど、私たちは「強
弱が豊かに表現された演奏」と考えます。「f」を強く、「p」を弱くと考え
ることはやめましょう。

 ## 2　指揮のコツ

　音楽の授業、音楽発表会などで、教師が指揮をすることもあるでしょう。
指揮に慣れておくことも教師にとって大切です。ここでは八木正一さんの
「かっこよく合奏するポイント」『音楽指導クリニック9』（学事出版、1996
年）を引用しながら述べておくことにします。

（1）指揮の役割

　指揮の役割は次の4つです。

・曲の出だしやパートの入りを合図する

・テンポを示す

・曲の終わりを合図する

・曲の表情を指示する

（2）基本はハエ叩きから

　オーケストラや器楽アンサンブルの指揮では指揮棒を持つこともありますが、合唱などは一般的に両手だけで指揮をします。指揮棒は手の動きを拡大させて見せる道具の役割もしています。大きな合唱の際は指揮棒を使った方が、はっきり見えるでしょう。

　指揮の基本は「ハエ叩き」です。図のように指揮棒を持ったら、ハエを一瞬のうちに叩く感じで「ビシッ」と振り下ろします。ゆるゆると棒を下ろしたのでは、ハエは叩けません。これを30回繰り返しましょう。肩が痛くなる場合は、力が入っているのです。

　指揮の基本はこの「ビシッ」にあります。「ふわっー」と振ったのでは、拍の頭がはっきりわかりません。そのため、歌い始めがわからないということになってしまいます。「ビシッ」とハエを叩いた瞬間が音の出る瞬間です。

（3）予備をしっかり

　予備というのは、出だしの合図のことです。出だしは、歌い出しの1つ前の拍で合図します。これを予備拍と言います。1拍目から始まる曲では、4拍目が予備拍になります。心の中で「1、2、3」と小さく数え、「4」で、はっきりと棒を動かすのがポイントです。こうすることで、歌い手が「1拍目」の音を出しやすくなります。「4」と言わずに「どうぞ！」と言っても構いません。最初は、「心の中」ではなく、「1、2、3」と声に出してもいいでしょう。

　また、曲によっては、弱起のものもあります。弱起とは1拍目以外から始まる曲です。例えば次の曲です。

こちらは3拍目が予備拍ということになります。この場合は、3拍目で、棒をはっきり動かします。

また、予備拍のときに、指揮者が息を吸うと、歌い出しが合いやすくなります。子どもも、指揮者の顔を見ながら、ついついまねをするからです。息を吸うタイミングが合えば、なぜか、息を出すタイミングも合うようになります。

（4）同じテンポで演奏

同じテンポで指揮をするには、指揮者が練習をするのが一番です。しかし、指揮者が同じテンポで演奏していても、ピアノの伴奏者が指揮者を見ていなければ、伴奏が速くなってしまったり、ずれてしまったりすることがあります。指揮者と伴奏者だけで、事前に練習をしておくとよいでしょう。

（5）曲の終わりの合図

曲の終わりは、頭より上の位置で手首をくるっと1回転させてからグーの形で握ります。右手で指揮棒を持っているときには、左手で合図をします。

（6）表情の指示

強弱など曲の表情を指示するときは、指揮の大きさで合図します。小さく棒を振るときには弱く演奏します。大きく棒を振るときには強く演奏します。

可能であれば、図のように右手で指揮をしながら、左手で合図をするとよいでしょう。だんだん強く表現するときには、右手で指揮をしながら左手を下から上に、少しずつ上げます。だんだん弱くするときには、左手を上から下に少しずつ下げます。右手と左手が違う動きをしていると、難しい指揮をしているように見えますので、見映えもよくなります。

また、指揮者が口で指示する方法もあります。指揮者は基本的に観客にお尻を向けています。

口は見えません。ですので、指揮をしながら「強く」「弱く」「遅く」などの言葉を言っても、観客にはわからないのです。もちろん、大きな声で言ってはダメです。

　子どもたちは、指揮者の顔をよく見ています。指揮者が緊張した顔をしていると、子どもたちも緊張してしまいます。笑顔で子どもたちとアイコンタクトをしながら指揮をしましょう。子どもたちもリラックスして演奏ができます。

（7）指揮の練習方法

　なんといっても指揮をしたい音楽を聴きながら、自分の手を動かしてみることです。その際、1、2、3、4とテンポをとりながら動かすとよいでしょう。先に述べた「ハエ叩き」の「ビシッ」が、音楽の出だしと一致するように練習しましょう。

第3節 もう忘れない！卒業式のうた覚え

1 歌う目的を理解しよう

　入学式や卒業式など行事で歌われるうたには、それぞれ目的があります。たとえば、入学式の中で在校生が歌う校歌は、新入生へ学校を紹介するという目的があります。

　卒業式では、定番の『仰げば尊し』を始め、合唱曲の『旅立ちの日に』や『Believe』、『巣立ちの歌』、森山直太朗の『さくら』、レミオロメンの『３月９日』、いきものがかりの『YELL』など、時代の流れとともにさまざまな曲が歌われます。もちろん、これらにも目的があります。卒業生から教師へ感謝の気持ちを伝える目的、教師から卒業生へ激励の気持ちを伝える目的、在学中の思い出を振り返る目的、将来の夢や希望に向かって突き進む意志を伝える目的、永遠の友情を確かめ合う目的、在校生へ別れを告げる目的など、どのうたを取りあげても、何かしらの目的と結びついています。

　うたを覚えるときには、どういう目的で歌われるのか、そして歌詞の内容とどのように関係があるのかを理解させると覚えやすくなります。まずは、歌詞の内容を確認させましょう。

　歌詞を覚えさせるときには、「口伝え」の方法を使うとよいでしょう。口伝えの方法とは、教師が歌ううたを子どもがまねて、覚える方法です。「わらべうた」はまさに口伝えの方法によって大人から子どもに歌い継がれてきました。古くからの伝承手法であるこの口伝えは、うたを覚える方法の原点とも言えるべきものです。文字を見て覚えるよりも、早く歌えるようになります。

　ここでは、口伝えによる歌唱指導の進め方の例を１つ紹介します。
①全体をA、B、Cの３つのグループに分けます。
②最初の１フレーズを教師が歌います。続いてAグループの子どもたちが、

教師をまねて歌います。ＢグループとＣグループの子どもたちは、Ａグループのうたを聴きます。小さな声で歌ったり、心の中で歌ったりしながら聴きます。

③教師はもう一度、同じフレーズを歌います。次は、Ｂグループが歌います。ＡグループとＣグループは、Ｂグループのうたを聴きます。終わったら、Ｃグループの順番です。教師は３回、子どもは１回ずつ歌うことになります。

④教師は１フレーズ、２フレーズを続けて歌います。そして、②③の手順を繰り返します。このようにして徐々に歌うフレーズを増やしていきます。最後は、始めから終わりまで歌うことになります。

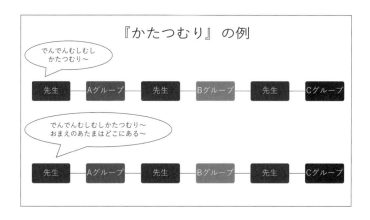

実際に子どもが最初から最後まで歌うのは、最後の１回だけです。ですが、最初の１フレーズは、かなりの回数を歌っていることになります。子どもたちは、心の中でも歌っていますので、さらに多くの回数を歌っていることになります。これだけ歌えば、すっかりうたを覚えることができますね。低学年や中学年の子どもたちは、教師の生の歌声をまねして覚えるという活動そのものに興味をもって取り組むことができます。

高学年では、多少知的なアプローチで歌を落とし込むこともおすすめです。グループやペアになり、歌詞の中から気になるキーワードを抽出させます。そしてキーワードから連想する場面を絵で表現させてみましょう。歌の内容を視覚化し、具体的に理解させることで、早く覚えさせることができます。

2 『ありがとう・さようなら』を覚えよう

　ここでは、卒業式で歌われることの多い『ありがとう・さようなら』を取り上げます。歌詞の内容を具体的にイメージさせることで、うたを覚えさせます。

　　　『ありがとう・さようなら』　井出隆夫作詞、福田和禾子作曲

ありがとう・さようなら　ともだち　ひとつずつの笑顔　はずむ声
夏の日ざしにも　冬の空の下でも　みんなまぶしく　輝いていた
ありがとう・さようなら　ともだち

ありがとう・さようなら　教室　走るように過ぎた　楽しい日
思い出の傷（きず）が　残るあの机に　だれが今度は　すわるんだろう
ありがとう・さようなら　教室

ありがとう・さようなら　先生　しかられたことさえ　あたたかい
新しい風に　夢の翼（つばさ）ひろげて　ひとりひとりが　飛びたつ時
ありがとう・さようなら　先生

ありがとう・さようなら　みんな　みんな
ありがとう・さようなら　みんな

---

(1) 導入

　「もうすぐ6年間の生活が終わりますね。もうすぐ卒業式です。卒業式はなんのためにあるのでしょうか。」と問いかけます。子どもたちからは、「中学生に向けての区切り。」「決意を新たにするため。」「先生や5年生にさようならを言うため。」などの言葉が出てくると思います。ここで、卒業式の意義をしっかりおさえましょう。その上で、「去年の卒業式の様子を覚えていますか？ 6年生はどんなことをしていましたか？」とたずねます。「卒業証書をもらっていた。」「うたを歌っていた。」などが出てくるでしょう。5年生のときに参加していない場合は、映像を見せても構いません。その上で、

「今年の卒業式では『ありがとう・さようなら』を歌います。この曲は、あ
りがとうやさようならの気持ちを相手に伝えるうたです。今からこのうたを
CD で流します。誰に向かってのありがとうやさようならを言っているのか、
聴きとってください。」と伝え、CD を流します。歌詞はまだ見せません。
教師が弾き語りをしてもよいでしょう。

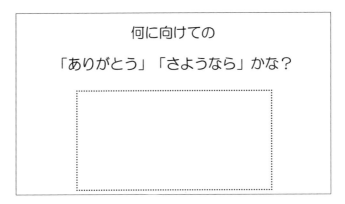

（2）うたの内容を理解する：キーワードの抽出

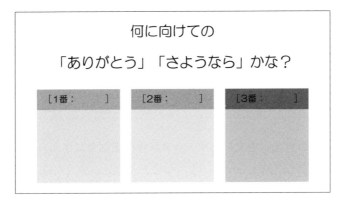

　「3 番までありますね。1 番から 3 番まで、ありがとうやさようならの気
持ちを伝える相手は、全部同じでしたか？それとも違っていましたか？」と
問いかけます。子どもたちから「違った。」と答えが返ってきたら、「では、
1 番の相手は？」、「2 番の相手は？」、「3 番の相手は？」と順に問いかけ、
「友だち」、「教室」、「先生」とキーワードを抽出し、対象を明確にします。
ダウンロード資料にある上記のスライドをワークシートとして配り、[　]

の中にキーワードを記入させるとよいでしょう。

（3）歌詞の内容を理解する：うたの内容を自分におきかえ

①1番の歌詞

　「1番は友だちに向かってありがとうとさようならを伝えていたのですね。では、うたをもう一度流します。友だちのどんな様子が歌われていますか。友だちの様子が表れている部分をワークシートにメモしながら聴きましょう。」と話し、CDの1番を流します。

　「笑顔」や「はずむ声」「みんな輝いていた」などのワードが出てくるはずです。ここで、みんなが笑顔だった場面を想起させます。同じように、「はずむ声が出たのはどんなときでしたか？」など、歌詞に合ったそれぞれの場面を想起させます。「運動会」「給食」などの言葉が出てくるといいですね。

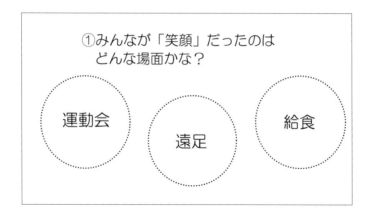

　子どもたちの意見は板書します。十分に場面を想像できたら、黒板を見ながら次のように伝えましょう。「こんなにたくさん、友だちとの思い出が出てきました。友だちがいなければ、こんなにたくさんの思い出はできませんでしたね。卒業式の日は、このクラスのこのメンバーと会うのは最後になります。うたの中で、友だちへの感謝を伝えましょう。」と話します。

②2番の歌詞

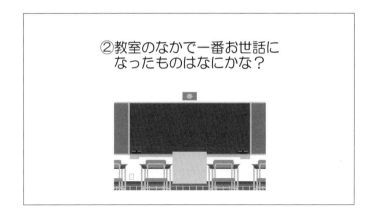

　2番も1番と同様に、「教室のどんな様子が目に浮かぶのか、場面を想像しながら聴いてみましょう。」と声をかけてCDを流します。「楽しい日」「思い出の傷 残る机」「誰が今度は座るんだろう。」といった歌詞の言葉を聴きとらせます。そして、「教室の中を見渡してみましょう。教室の中で一番お世話になったものは何かな。」と問いかけます。「机」「いす」「時計」「黒板」「テレビ」などの答えが出てくるといいですね。「みなさんはこの教室にたくさんお世話になりました。卒業式が終わるとみなさんは、もうこの教室に来ることはありません。教室にもありがとうとさようならを伝えたいですね。」と話します。

③3番の歌詞

　3番も、1番や2番と同様に、「場面を想像しながら聴いてみましょう。」と声をかけ、CDを流します。そして、「しかられた」「あたたかい」「夢の翼」「一人ひとりが飛び立つ」などの言葉を確認します。

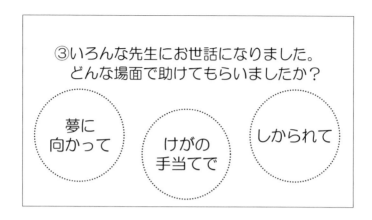

　そして、教師とのかかわりを思い出させます。その上で、「3番では、先生へのありがとうとさようならを歌います。先生と会うのは、卒業式の日が最後です。感謝の気持ちが伝わるように歌えるといいですね。」と話します。

（4）実際に歌う

　ここで歌詞を配ります。そして、CD に合わせて歌いましょう。1番、2番、3番とそれぞれの場面を具体的に想像していますから、歌詞はだいたい頭の中に入っているはずです。その上で、口伝えの方法を取り入れながら練習しましょう。

第3章

器楽の発表

1 リズム楽器ですぐできる楽しい合奏

　　　　　　合奏の魅力は、友だちと呼吸を合わせて一つの演奏をすることです。合奏の達成感とともに、友だちとの一体感を味わうことができます。しかし、パートの種類が多かったり、曲が難しかったりすると、曲を仕上げるのに長い時間がかかってしまいますね。

　　　　　　時間があまりないけど、合奏の発表をしたい……。

　　そんなときは、リズム楽器だけで合奏をしてみましょう。やさしく簡単に合奏をすることができます。リズム楽器とは、カスタネット、タンブリン、小太鼓などの打楽器のことです。ドレミを演奏する必要がありませんので、リズムだけに集中して合奏に取り組むことができます。

2 カスタネットだけでアンサンブル

　ここでは、いつもは脇役のカスタネットが主役となるリズム合奏を紹介します。リズムは、言葉に置きかえて覚えます。「タータタ」のリズムは「ラーメン」、「タタター」のリズムは「パンジー」のように置きかえるとよいでしょう。本事例では、食べ物の名前を使って、リズムパターンを覚えます。そして、覚えたリズムパターンを組み合わせて合奏します。最初は手拍子で練習し、最後にカスタネットで合わせます。

（1）導入

　教師は、事前に「みかん」「さくらんぼ」「もも」「いちじく」「アイスクリーム」「ドーナツ」のシルエットを準備します。そして、「今から食べ物クイズをします。何の食べ物かわかるかな？」と問いかけ、一つずつシルエット

を見せます。この6つの食べ物の名前が、基本のリズムとなります。ダウンロード教材のスライドは、クリックすると形が部分的に少しずつ出るようなしかけがあります。

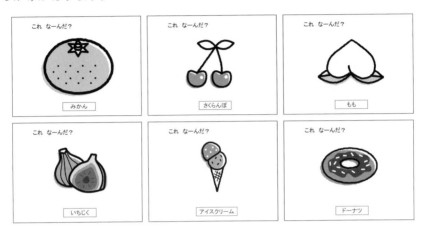

（2）基本のリズム

①次のリズムで食べ物の名前を唱えます。子どもは、教師のまねをします。

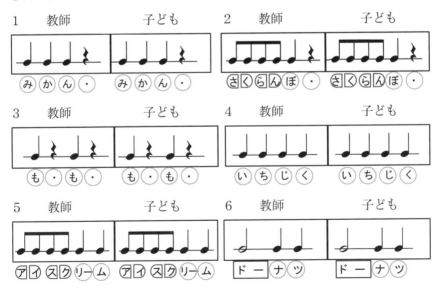

②できるようになったら、言葉を唱えながら、同じリズムを手で打ちます。

（3）長いリズムバージョン

①次は２つのリズムパターンを組み合わせます。教師は「次はもっと長くするよ。できるかな？」と声をかけます。（２）と同様に教師のまねをさせながら練習しましょう。

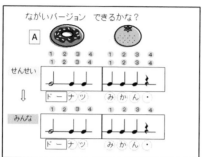
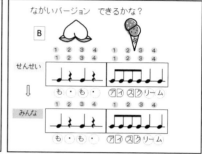

（4）重ねて合奏

①ＡパートとＢパートの２つに分かれます。真ん中より窓側の人はＡ、真ん中より廊下側の人はＢ、というように座席で分けると、つられずに演奏できます。パートを決めたら、まずは、Ａパートの子どもだけに手を打たせます。「ドーナツみかん・」のリズムを４回程度繰り返しましょう。次に、Ｂパートの子どもに「も・も・アイスクリーム」のリズムを練習させます。なお、音符（言葉がある部分）だけを意識すると、テンポが速くなる傾向があります。休符を確実に感じると速くなりません。「・（ウン）」では手をグーにするとよいでしょう。

②ＡパートとＢパートを合わせよう

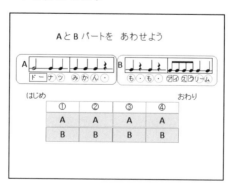

教師は「次はAとBが一緒に手を打ちます。難しくなるけど、つられずに打てるかな?」と声をかけて手を打たせましょう。言葉を唱えながら打たせるとよいでしょう。

③全員でCのリズムを練習します。

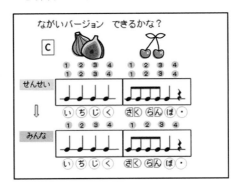

(5) 曲に構成

A、B、Cのパターンを組み合わせて曲を演奏します。1番、2番、3番、4番の順に演奏します(節末参照)。曲の始めは、かならずCを演奏します。これが、どこを演奏しているかがわからなくなったときの助けになります。

①1番を練習します。

1ばん						
	①	②	③	④	⑤	⑥
	C ぜんいん	C ぜんいん	A	A		
					B	B

　最初はAパートの子どもだけに練習をさせます。言葉を唱えながら、CCAA休休の順に手を打たせます。お休みの部分(図の⑤⑥)は「お・や・す・み・お・や・す・み」と唱えます。手は打ちません。4回程度練習したら、Bパートと交代します。Bパートは、CC休休BBの順です。Aパートの子どもと同じように、お休みの部分は「お・や・す・み」と唱えましょう。できるようになったら、二つのパートを合わせて、最初から最後まで通します。⑤のBパートの入りは、教師が合図をします。

②２番を練習します。

2ばん

	①	②	③	④	⑤	⑥
	C ぜんいん	C ぜんいん	A	A	A	
				B	B	B

　①と同じようにAパート、Bパートをそれぞれ通します。今度は２回程度繰り返すといいでしょう。できるようになったら、二つのパートを合わせます。Aパートの終わりとBパートの入りは、教師が合図をします。
③同じように３番と４番を練習します。

3ばん

	①	②	③	④	⑤	⑥
	C ぜんいん	C ぜんいん		A	A	A
			B	B	B	

4ばん

	①	②	③	④	⑤	⑥
	C ぜんいん	C ぜんいん	A	A	C ぜんいん	C ぜんいん
			B	B		

④１番から４番までを通します。最初は言葉を唱えながら、手を打ちます。
　できるようになったら、手拍子だけでリズムアンサンブルをします。言葉
　を心の中で唱えるよう指示をしましょう。
⑤最後に、カスタネットで合わせます。大人数でカスタネットを演奏すると
　かなり大きな音になりますので聴き映えがします。リズムがビシッと合う
　とかっこいいですね。

　なお、本事例では、食べ物の名前を６種類使ってリズムアンサンブルをつ
くっていますが、食べ物の名前でなくても、同じリズムでなくても構いませ
ん。

全体構想図

1ばん

①	②	③	④	⑤	⑥
C ぜんいん	C ぜんいん	A	A		
				B	B

2ばん

①	②	③	④	⑤	⑥
C ぜんいん	C ぜんいん	A	A	A	
			B	B	B

3ばん

①	②	③	④	⑤	⑥
C ぜんいん	C ぜんいん		A	A	A
		B	B	B	

4ばん

①	②	③	④	⑤	⑥
C ぜんいん	C ぜんいん	A	A	C ぜんいん	C ぜんいん
		B	B		

第2節 やさしくかっこいい！分担奏のススメ

1 パート練習の工夫

　さあ器楽合奏！教師のあたまを悩ませることの一つにパート決めがあります。合奏の見映えを第一に考えると、「ピアノは音楽が得意な子どもかな。」「楽譜が読めない子どもだと木琴は大変だし……。」などと考えてしまいがちです。確かに、音楽が得意な子ども、楽譜が読める子どもにピアノや木琴、鉄琴などの旋律楽器を担当させた方が、教師はラクでしょう。しかし、それでは何人かの限られた子どもだけが、ピアノや木琴・鉄琴などの旋律楽器を演奏することになってしまいます。毎回リコーダーや、鍵盤ハーモニカばかりの子どもはおもしろくありませんね。できれば、多くの子どもにいろいろな楽器を体験させたいものです。そうすることで、「へえ。Aさんにはこんなに音感があったんだ！」「Bくんのリズム感はすごいね。」など、隠れた才能を見出すこともできます。

　さて、楽譜を読むのが苦手な子どもでも、自身で練習を進めることのできるアイデアがあります。それは、音源を準備することです。リコーダー、木琴、鉄琴、太鼓などのパート音源を作成し、タブレットパソコンなどに入れておくとよいでしょう。子どもは、旋律やリズムを耳で確認しながら自分で練習することができます。

　パート別音源は、アプリを使ってパソコンやスマートフォンで作成するとよいでしょう。パソコンの楽譜作成ソフトを使えば、楽譜どおりに音符を打ち込むだけで音が出ます。知らない曲でも、音の高さやリズムを確認できますね。ピアノ演奏が苦手な方こそ、ぜひ使ってみてください。

楽譜に音符をならべるだけ

　楽譜作成ソフトには、有料、無料、さまざまなものがあります。体験版など を使って、自分の使いやすいソフトを選びましょう。KAWAI の「スコ アメーカー」のように、スキャナーやデジカメ（スマートフォンのカメラな ど）で読み込んだ楽譜を、一瞬で音にしてくれるソフトやアプリもあります。

 ## 2　分担奏で簡単合奏　その１

　分担奏とは、リレー形式で曲を演奏する方法です。ハモリがないので、友 だちの演奏につられたり、自分がどこを演奏しているのかがわからなくなっ たりすることがありません。ここでは、『ぶんぶんぶん』を題材とする分担 奏を紹介します。学級（学年）をリコーダーチーム、鍵盤ハーモニカチーム、 木琴・鉄琴チーム、カズーチーム、伴奏チームの５つに分け、旋律を繰り返 して演奏します。伴奏チームは、キーボード、ピアノ、低音楽器、大太鼓、 小太鼓で構成します。同じ伴奏形を繰り返します。

1 番 手	2 番 手	3 番 手	4 番 手	5 番 手
リコーダー	鍵盤ハーモニカ	木琴・鉄琴	カズー	全員
キーボード・ピアノ・低音楽器・大太鼓・小太鼓				

　カズーは、箏や篠笛などの和楽器やハンドベルなどに代えても OK です。 旋律楽器であれば何でもよいです。うたを歌ってもいいですね。順番や回数 にも決まりはありません。人数や時間に合わせて、調整しましょう。なお、 カズーの作り方は第 7 章第 1 節で紹介しています。

（1）導入

　行事に向けて、合奏をすることを話します。楽器を見せながら話をすると よいでしょう。さまざまな楽器を使った合奏をするというだけで、子どもた ちはワクワクです。

（2）全員で階名唱

　楽譜を見ながら、全員で階名唱をします。

（3）みんなでリコーダー

　まずは、みんなで一緒にリコーダーを演奏します。旋律を確認しましょう。

（4）みんなで鍵盤ハーモニカ

　みんな一緒に鍵盤ハーモニカを演奏します。

（5）みんなでカズー

　手づくりカズーを演奏してみましょう。箏、ハンドベルなど他の旋律楽器を使う場合は、個別に練習してください。

（6）好きな楽器で演奏

　チームに分かれて練習をします。各チームの人数は少しぐらい違っていても構いません。伴奏は節末に掲載しています。

（7）合奏

　ある程度できるようになったら、とにかく通してみます。そろわなくてもOK です。1回目の練習では、むしろできない方がよいです。練習の必要性を実感できるからです。「リズムが合っていなかった。」「○○のパートは音がまちがっていた。」など、課題が明確になるといいですね。どこが難しかったかを子どもにたずねたり、グループで話し合いをさせたりしても構いません。次の時間の練習につなげることができます。

3　分担奏で簡単合奏　その2

　1曲をいくつかに区切って演奏する方法もあります。「リコーダーでは吹けない音がある。」「鍵盤ハーモニカの指が届かない。」などの場合にもおすすめの方法です。

　例えば、次の楽譜は『おどるポンポコリン』（さくらももこ作詞、織田哲郎作曲）の一部です。

　「ピーヒャラピーヒャラ」の部分は、「ソラシドレ」の音だけで演奏できます。ソプラノリコーダーで、演奏しやすい音域ですね。一方、「パッパパラパ」は、音が高く、リコーダーで演奏するのは難しいことがあります。木琴や鉄琴、鍵盤ハーモニカなどの旋律楽器で演奏をするといいでしょう。次のように分担すると、リコーダー初心者でも演奏できますね。

 ## 4　やさしい伴奏のつくりかた

　キーボード、低音楽器、ピアノ、打楽器を使ったやさしい伴奏の作成方法を紹介します。

(1) キーボード

　楽譜の上に書かれたアルファベットをコードネームと言います。アルファベットは和音を表しています。和音の中で、最もよく使われるのはCとFとGです。次の和音を演奏するとよいでしょう。

C ＝ ド　ミ　ソ

F ＝ ド　ファ　ラ

G ＝ シ　レ　ソ

その他のコードネームについては、教科書などを参考にしてください。インターネットで検索してもよいでしょう。

（2）低音楽器

低音楽器もコードネームのアルファベットをもとに演奏します。下の表を参考にしてください。

C	D	E	F	G	A	B
ド	レ	ミ	ファ	ソ	ラ	シ

※ Cm や C 7 など、「m」や「 7 」がついていても同じように演奏します。

（3）ピアノ

左手は低音楽器と同じ音を演奏します。右手はキーボードと同じ和音を演奏します。

（4）打楽器

2 拍子系のリズムは次のように演奏します。

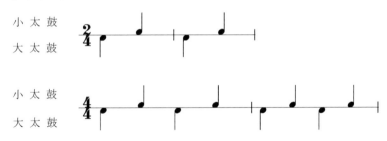

3 拍子系のリズムは次のように演奏します。

（1）（2）（3）（4）を楽譜にしたものが、次の参考例です。

参考例

ぶんぶんぶん

ボヘミア民謡
編曲 城佳世

第3節 上手に聴こえる合奏のポイント

🎵 1　心を合わせる？音を合わせる？

　「合奏をぴったり合わせる」の「合わせる」とは、何を合わせることでしょうか。よく耳にするのが、「心を合わせて演奏しましょう！」「気持ちを一つにして演奏しましょう」などの言葉です。もちろん、「心を合わせる」ことは大切ですが、心を合わせただけで、ぴったり合った演奏ができるわけではありません。ここでは、ステキな合奏をするための「音の高さを合わせるコツ」と「リズム合わせるコツ」を紹介します。

　はじめは「音の高さを合わせるコツ」です。楽器の音は、同じ「ド」の音であっても、微妙に高さが違うことがあります。確かに、ピアノの鍵盤は「ド」を押せば、「ド」の音が聴こえます。リコーダーも「ド」の運指で息を吹き込めば、「ド」の音が聴こえます。しかし、実際には、同じ「ド」の音でも、楽器によって微妙に高かったり、低かったりするのです。カラオケの採点の画面を思い出してください。音の高さがぴったり合っているときには、画面上のバーの上に自分の声が、ぴったり重なって表示されます。しかし、音の高さが少しでも違うと、声はバーの上下にずれて表示されます。これが、音程のズレです。音程がズレたままで演奏すると、合奏がバラバラに聴こえてしまいます。すべての楽器の音がバーの上にぴったり合うのが理想です。オーケストラが演奏の直前に音の高さをそろえているのも同じ理由です。学校の器楽合奏で毎回オーケストラのように、音合わせをするのは現実的ではありません。ですが、楽器の特性を知って少し合わせるだけでも、ぐーんと上手に聴こえます。

　日本での楽器の調律は、ふつう440 Hz（ヘルツ）、または、442 Hz という規準で行われています。Hz とは、音の高さの基準です。数字は音の高さを表します。数値の高い方が高い音です。つまり、442 Hz は、440 Hz より音

が高いことになります。実は、音の高さの規準は、楽器によって異なっているのです。次の表は、これを一覧にしたものです。（あくまでも一般的なものです。メーカーによって違いがあります）

楽器名	高さの基本	調律ができるか
リコーダー	442 または 444	○
鍵盤ハーモニカ	440	×
木琴・鉄琴	440 または 442	×
キーボード	440	○
ピアノ	440	※
弦楽器・管楽器	442	○

※ピアノの調律は、調律師に依頼してください。

　器楽合奏のときには、440 Hz の高さに合わせてみましょう。

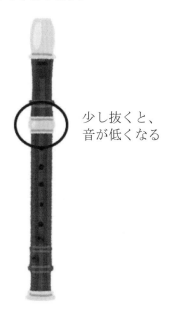

少し抜くと、音が低くなる

　リコーダーは、442 Hz、444 Hz など、少し高い音が出るように調整されているものが多いようです。右の図に示す頭部管を少し抜くと、音が低くなります。私の経験では、2ミリ程度抜くと、440 Hz に近くなり、他の楽器と音が合うようになります。ピアノ伴奏と一緒に演奏するときも、少しだけ抜くとよいでしょう。「頭部管を2 mm 抜いてください。」と声かけをします。また、リコーダーは息の入れ方でも音の高さが変わります。2本以上のリコーダーを演奏したときに、1本のリコーダーで演奏しているように聴こえれば、音がぴったり合っている状態です。友だちと一緒に、同じ高さの音を出す練習をしましょう。

　木琴や鉄琴は、端の方に440や442などの数字が書いてあります。確認してみましょう。

また、鍵盤ハーモニカやリコーダーなど、大人数で演奏する楽器は、できるだけ同じメーカーの楽器を使いましょう。音色もそろいます。

　最近は、タブレットパソコンやスマートフォンで使える無料のチューナーアプリ（音の高さを確認できるアプリ）もたくさんあります。視覚的に音の高さを確認することができますね。

　次に、「リズムを合わせる」コツです。「リズムを合わせる」ためには、拍の流れにのって演奏することが大切です。合奏の中で、拍の流れをつくっているのは大太鼓、小太鼓、カスタネットなどの打楽器です。打楽器が等間隔で拍をきざめば、合奏は成功したも同然です。旋律楽器は打楽器が刻む拍に合わせて演奏すればよいからです。打楽器は、旋律楽器に比べ、一見簡単に演奏できるようにみえます。しかし、実際には拍の流れをコントロールする重要な役割を担っています。テンポキープをめざして練習しましょう。

 ## 2　楽器のいい音を見つけよう

　学校にある楽器の数は限られています。また、すべての子どもが、すべての楽器を演奏することはできません。そのため、友だちが演奏している楽器であっても、「触ったことがない。」、「演奏方法がよくわからない。」という状況が生まれてしまいます。もちろん、それぞれの子どもたちに楽器を体験させるのが理想ですが、行事の前の限られた時間の中では、なかなか難しいのが現実です。そんなときは、せめて合奏の中で音を確認する時間を設けてみましょう。楽器の音色や演奏方法を知っておくことは、合奏全体の響きを味わわせたり、バランスを考えさせたりする際に役立ちます。

（1）導入

　最初に合奏をします。その上で、「合奏がだいぶ仕上がってきましたね。これから各パートの音を確認します。」と話をします。合奏をした後に、話をするのがポイントです。課題意識をもたせることができるからです。

（2）楽器を確認

①木琴・鉄琴

木琴・鉄琴

◆マレットの素材は確認しましたか？

◆マレットの色は確認しましたか？

◆はねるように演奏していますか？

◆手の高さ（強弱）を考えて演奏していますか？

　木琴や鉄琴の音色はマレットの素材によって異なります。マレットとは木琴や鉄琴のバチのことです。

　マレットには糸を巻いたもの、毛糸を巻いたもの、ゴムのものなどがあります。曲に合ったマレットを選びましょう。また、基本的に赤や濃紺など、濃い色のマレットは硬い音がします。ピンクや水色など薄い色のマレットは、柔らかい音がします。木琴や鉄琴などの楽器は、マレットを音板に押しつけるのではなく、跳ねるように演奏すると音がよく響きます。

　また、木琴や鉄琴は、高い位置から打てば強い音に、低い位置から打てば弱い音がします。合奏の強弱は、木琴や鉄琴でコントロールするのがポイントです。リコーダー、鍵盤ハーモニカなどの旋律楽器は、音の強弱をあまり大きくつけることができないからです。次の図のように、姿勢を変えながら強弱をつけて演奏すると、合奏の見映えもよくなります。

弱い音で演奏する時は
小さくなって演奏。
マレットを短かめに持つ。

強い音で演奏する時は
胸を大きく張って演奏。
マレットは長めに持つ。

② トライアングル

トライアングル

◆ヒモの長さを調節しましたか？

◆どの場所を打つのか、決めていますか？

◆○（オープン）、＋（クローズ）、
　トレモロ（ロール）がありますか？
　演奏のしかたを確認しましょう。

　トライアングルは、左手の中指につるして演奏します。クルクル回ったり
しないのがちょうどいいヒモの長さです。三角形の底辺や側面をビーターと
よばれる金属の棒で叩いて演奏します。真ん中と端では音が少し違います。
曲に合わせて、叩く位置を工夫しましょう。

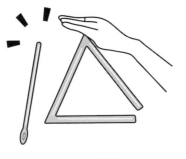 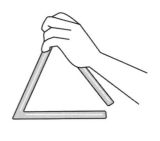

オープン（○）　　　　　　　クローズ（＋）

　トライアングルには、「オープン」「クローズ」という奏法もあります。ク
ローズでは、トライアングルを握って演奏します。また、トレモロ（ロール）
は、三角形の角を利用して演奏します。

ＡＢをすばやく交互に打つ。

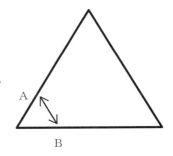

③リコーダー・鍵盤ハーモニカ

リコーダー・けんばんハーモニカ

◆音はまちがっていませんか？
　♯、♭を確認しましょう。

◆タンギングはできていますか？

◆音をきちんとのばして、演奏していますか？

リコーダーや鍵盤ハーモニカなどの旋律楽器では、ついつい♯（シャープ：半音上げる）、♭（フラット：半音下げる）を忘れて演奏しがちです。きちんと確認をしましょう。

　また、リコーダー、鍵盤ハーモニカはどちらもタンギングをすることが大切です。「トゥトゥ」だけでなく、「ルルル」や「ティティ」など、曲に合わせて、変化させてみましょう。

　音符の長さ通りに、きちんと伸ばすことも大切です（第2章第2節参照）。木琴、鉄琴、ピアノなどの楽器は、いくら音を伸ばしても、だんだん小さくなって消えてしまいます。リコーダーや鍵盤ハーモニカなどの楽器は、音の長さをキープする役割もあるのです。最後まで音をしっかり伸ばして演奏しましょう。

④大太鼓・小太鼓

大太鼓・小太鼓

◆どの場所を打つのか、決めていますか？

◆音のひびきを調節していますか？

　太鼓は打つ位置によって音や音の響きが変わります。中央を打つのか、端の方を打つのか、曲に合わせて考えましょう。また、大太鼓は左手で皮を押さえて、響きを調整しながら打つとよいでしょう。

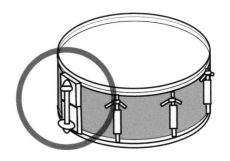

　小太鼓には、ストレーナーとよ
ばれるレバーがついています。ス
トレーナーを操作することで、響
き線が張ったり、ゆるめたりでき
ます。片付けのときには、必ずゆ
るめておきます。

⑤合奏

みんなで合奏

◆曲のはじまりと終わりはそろっていますか？

◆友だちの音をききながら演奏できていますか？

◆楽器の音のバランスはどうですか？

　合奏は、曲の始まりや終わりをそろえるとかっこよく聴こえます。曲の始
まりは、音を出すタイミングをそろえます。あたりまえですが、楽器の音を
出すには準備が必要です。リコーダーや鍵盤ハーモニカなどの楽器は、息を
吸っておかなければ音が出ません。木琴や鉄琴はマレットを握った手を上に
上げておかなければいけません。全体を見渡し、十分に準備ができているか
どうかを確認してから指揮をはじめるのがポイントです。また、指揮者は、
リコーダーや鍵盤ハーモニカの子どもたちが、息を吸うタイミングで、必ず
一緒に息を吸いましょう。息を吸うタイミングがそろうと、息を吐くタイミ
ング、すなわち、音の出だしがそろいます。可能であれば、木琴、鉄琴、小
太鼓などのパートの子どもも同じように息を吸うとよいでしょう。終わりの

音は、指揮者の合図があるまでしっかり伸ばします。

　合奏では「周りの音をよく聴きなさい。」という指示がされます。しかし、実際に鍵盤ハーモニカの子どもが、ピアノ、木琴、打楽器などさまざまな音をよく聴いて合わせるのはなかなか難しいことです。まずは、隣の子どもと合わせることを意識させましょう。隣の子どもは、隣の隣の子ども、隣の隣の子どもは、さらにその隣の子どもに合わせることになります。その結果、全体が合うことになります。各パートの真ん中あたりに、上手な子どもを配置するとよいでしょう。

第4章

つくって発表

第**1**節 思い出きうたにのせて

 1　いろんな歌詞があるうた

　わらべうたや民謡に決まった歌詞はありません。なぜなら、口承で伝えられてきたからです。例えば、わらべうたの『はないちもんめ』を私（福岡県出身）は次のように歌います。

　A：勝ってうれしい　はないちもんめ
　B：負けてくやしい　はないちもんめ
　A：あの子がほしい
　B：あの子じゃわからん
　A：この子がほしい
　B：この子じゃわからん
　A：そうだんしましょ
　B：そうしましょ

　この後に、「○○ちゃんがほしい」というフレーズが続き、友だちの取り合いっこをして遊びます。

　「あれ？これだけ？しかも歌詞が違う。」と思われた方がいらっしゃるのではないでしょうか。『はないちもんめ』は地域によって、「となりのおばさんちょっときいておくれ」や「ふるさともとめて　はないちもんめ」など異なる歌詞があります。実をいうと、わらべうたや民謡に決まった歌詞はないのです。また、メロディにも違いがあります。行事のときには、地域のお年寄りの方と一緒にわらべうた遊びをするとよいでしょう。「わらべうた集」などの本に掲載されているうたやメロディとは違う、それぞれの地方の歌い方が発見できるかもしれません。

　さまざまな歌詞で歌われるのは日本のわらべうたや民謡だけではありませ

ん。例えば、アメリカ民謡を原曲とする『リパブリック賛歌』は『権兵衛さんの赤ちゃん』でも、よく知られています。「ヨドバシカメラ」のCM、『おたまじゃくしは蛙の子』（永田哲夫、東辰三訳詞）、『ともだち賛歌』（阪田寛夫作詞）も同じメロディです。さまざまな歌詞で歌われていますね。

　このように、わらべうた、日本民謡、世界の民謡は、それぞれの土地、時代に合うように変化して歌われます。旋律に合わせ、歌詞をつくって楽しみましょう。

 ## 2　修学旅行の思い出のうたをつくろう

　『故郷の空』（大和田建樹作詞）で有名なスコットランドの民謡に歌詞をつけます。「誰かさんと誰かさんが麦畑」ではじまる『誰かさんと誰かさん』（なかにし礼作詞）、信号機のメロディなどでも有名です。グループ別に歌詞を考え、最後につなげて1曲にします。一人ひとりがうたづくりに参加することができますね。ここでは、修学旅行の思い出をテーマにしていますが、違うテーマでももちろんOK。卒業式では6年間の思い出をテーマにしてもよいでしょう。学校のCMソングをつくることもできます。

（1）導入

　「修学旅行楽しかったね。一番楽しかったことはなに？」と子どもたちにたずねます。「奈良の大仏が大きかった。」「ごはんが美味しかった。」「友だちと語り合ったこと。」などが出てくるでしょう。ある程度出てきたら、「たくさん思い出が出てきましたね。この思い出をうたにして、次のうたごえ集会で発表します。」と話します。そして、『故郷の空』のメロディに歌詞をつけること、グループごとにつくって歌詞をつなげることを伝えます。教師が手本をつくっておき、歌うとよいでしょう。

手本の例

修学旅行の準備

城　佳世 作詞
スコットランド民謡

あした　は　い　よい　よしゅう　がくりょ　こ　う

ジャー　ジ　に　は　ぶら　し　も　うい　れ　た

し　おり　に　こ　づか　い　ハ　ン　カ　チ　も

あ　ら　あ　ら　パンツ　を　わ　すれ　て　た

（２）グループごとにテーマを決めよう

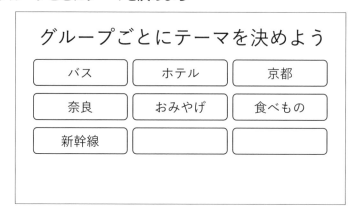

グループごとにテーマを決めよう

バス	ホテル	京都
奈良	おみやげ	食べもの
新幹線		

　教師のうたで子どもはやる気マンマンです。ここで、各グループが同じ内容にならないよう、テーマを決めます。バス、ホテルなどの場面を各グループに割りあてます。教師が決めても、子どもたちに考えさせてもよいでしょう。１日目、２日目など、日程で分けることもできます。「修学旅行のしおり」をもとにするといいですね。

（3）うたをつくる

歌詞のつくりかた

1　キーワードをふせんに書く
2　ふせんをみながら、歌詞をつくる
3　うたってみよう

①子どもたちに付箋を渡します。

②テーマにあったキーワードを付箋に
　書かせます。思いついた言葉をでき
　るだけたくさん書くように指示しま
　す。

③グループ内で付箋をワークシートに
　貼ります。ワークシートはＡ３に拡
　大しておくとよいでしょう。

④自分の付箋、友だちの付箋を見なが
　ら、曲に合わせて歌詞を考えます。
　付箋の言葉をつなげればよいのでラ
　クラクです。よく知っている曲なの
　で、楽譜はなくても大丈夫でしょう。

修学旅行のうたをつくろう

1　グループのテーマ　　　　奈良

2　ふせん
※同じ言葉は、重ねてはろう

しか　　かわいい
しかせんべい　　大仏
大きい　　びっくり

3　歌詞を考えよう

　　上手に歌詞をつくるコツは、言葉のリズムやアクセントと、曲のリズムや
アクセントを一致させることです。たとえば、「雨」と「飴」ではアクセン
トが違います。言葉のアクセントと、旋律の上がり下がりを一致させた方が、
意味が伝わりやすくなります。

①②③④は、タブレットパソコンで行ってもよいでしょう。

（4）学級で発表

　できあがったら各グループで発表します。実物投影機や電子黒板などで、歌詞を映すとよいでしょう。各グループの発表が終わったら、全体をつなげます。そして、他のグループのうたも練習し、学級みんなで歌えるようにします。

（5）本番の発表

　本番の発表では、つくった歌詞をスクリーンなどに映して歌うとよいでしょう。一度聴いただけでは、よく聴きとれない歌詞もあるからです。修学旅行の写真を背景にするとバッチリです。

第2節 オペレッタ風スライド劇

🎵 1 昔ばなしのうた

　テレビの CM でおなじみの三太郎、「桃太郎」「金太郎」「浦島太郎」にそれぞれうたがあるのをご存じでしょうか。日本のむかし話には、うたがあるものがたくさんあります。「桃太郎さん、桃太郎さん、お腰につけたきびだんご　ひとつわたしにくださいな。」ではじまる『桃太郎』、「もしもしかめよ」ではじまる『うさぎとかめ』などは有名ですが、「金太郎」や「浦島太郎」、また、「花さかじいさん」「舌切り雀」などにもあります。

　昔ばなしのうたの歌詞の多くは、ストーリー仕立てになっています。例として『浦島太郎』（作詞作曲不詳）を紹介します。

1　むかしむかし浦島は
　　助けた亀に連れられて
　　龍宮城へ来て見れば
　　絵にもかけない美しさ

2　乙姫様のごちそうに
　　鯛やひらめの舞踊り
　　ただ珍しく面白く
　　月日のたつのも夢のうち

3　遊びにあきて気がついて
　　おいとまごいもそこそこに
　　帰る途中の楽しみは
　　みやげにもらった玉手箱

4　帰って見ればこはいかに
　　元居た家も村も無く
　　みちに行きあう人々は
　　顔も知らない者ばかり

5　心細さに蓋取れば
　　あけて悔しき玉手箱
　　中からぱっと白けむり
　　たちまち太郎はおじいさん

浦島太郎

作詞・作曲者不詳

1.む　かし　　むかし　　うらしまは
2.お　とひめ　さまの　　ごちそうに

た　すけた　かめに　　つれられて
た　ーいや　ひらめの　まいおどり

りゅうぐう　じょうへ　　きてみれば
た　だめず　らしく　　おもしろく

え　ーにも　かけない　うつくしさ
っ　きひの　たつも　ー　ゆめのうち

　ストーリーにそって、うたが展開されていますね。昔ばなしのうたと絵本を組み合わせれば、オペレッタ風の発表が簡単にできます。もちろん、シナリオを作成して、本格的なオペレッタにすることもできます。ここでは手軽にできるスライド劇を紹介します。

 ## 2　昔ばなしでオペレッタ風スライド劇

　子どもたちが描いた絵をプロジェクターなどで映しながら、お話を読んだり、効果音を入れたり、うたを歌ったりします。ここでは、ダンスも入れます。事前にネタとなる絵本を準備しておきましょう。

（1）グループ分け

> # オペレッタ風スライドげき
> ・お絵かきグループ
> 　お話にあわせて絵をかきます。
>
> ・おはなしグループ
> 　お話を読んだり、効果音を入れたりします。
>
> ・うたグループ
> 　お話のうたを歌います。
>
> ・ダンスグループ
> 　うたに合うダンスを考えておどります。

　次の行事でオペレッタ風スライド劇をすることを話します。オペレッタとは音楽劇のことです。題材は教師が決めても構いません。子どもたちに考えさせてもよいでしょう。子どもたちに考えさせるときには、いくつか本を準備しておき、読み聞かせをします。昔ばなしなど、うたがある題材を選んでおきます。

　題材が決まったら、子どもたちを4つのグループに分けます。それぞれグループの活動内容を説明します。

A　お絵かきグループ

　絵本を参考にしながら、場面ごとの絵を画用紙に描きます。描いた絵をスキャナーで読みとったり、デジタルカメラで撮影したりして、スライドにします。

B　おはなしグループ

　絵本を読むグループです。ページごとに読み手を交代しても構いません。効果音もつけましょう。効果音は以下の手順で考えます。

①絵本を読んで「効果音があったらいいな」と思う箇所に付箋を貼ります。

②付箋を貼った箇所の効果音を考えます。インターネット上には、フリーの効果音素材がたくさんあります。場面に合うものを探しましょう。ピアノ、木琴、鉄琴、ウッドブロック、鈴などを使って、実際に音を出してもよいでしょう。

C うたグループ

　お話のうたを歌います。音源に合わせて練習しましょう。

D ダンスグループ

　歌詞にあわせてダンスをします。ダンスは子どもが考えます。ダンスを考えたら、音楽に合わせて練習します。

　活動内容を説明してから、子どもたちの希望をとります。人数に少し偏りがあっても構いません。グループごとにリーダーを決めておきましょう。

（2）グループ活動

　グループに分かれて練習します。ある程度できるようになったら、次の手順に合わせます。

①「おはなしグループ」と「うたグループ」で話し合いをして、おはなしのどの場面で、うたを挿入するのかを決めます。タイミングが決まったら通します。効果音も入れます。

②「うたグループ」と「ダンスグループ」は一緒に練習します。

③「お絵かきグループ」の絵が仕上がったら、デジタルカメラなどで撮影し、パワーポイントなどに貼っておきます。

④全員で通します。

　グループ活動では、子ども同士が喧嘩をしたり、言い合いをしたりすることがあるかもしれません。しかし、それも含めて子どもたちのよい経験となります。子どもたちの様子に気を配りながら、練習を進めましょう。

展開例「浦島太郎」（音源はダウンロード資料にあります。前奏つき）

おはなし：　昔、昔あるところに漁師のおじいさんが住んでいました。ある日、大勢の子どもたちの声がするので行ってみたところ、亀がいじめられていました。（子どもの騒がしい声の効果音）

　　　　　　　おじいさんは子どもたちを追いはらい、亀を助けました。すると、亀が「御礼に竜宮城にご招待します。来てください。」と言いました。浦島太郎は、亀の背中に乗りました。亀は海の中へともぐっていきました。（海の音の効果音）

うた　　：1番を歌う

ダンス　：1番に合わせて踊る

おはなし：竜宮城に着くと乙姫さまが言いました。「亀を助けてくれてあり
　　　　　がとう。お礼に竜宮城で楽しく遊んでいってください。」竜宮城
　　　　　には、たくさんのごちそうがありました。

うた　　：2番を歌う

ダンス　：2番に合わせて踊る

　（以下略）

　昔ばなしのストーリーにはいろいろなパターンがあります。絵本に合わせ
て、歌詞を変えてもよいでしょう。

（3）その他の曲

　『桃太郎』『はなさかじじい』『うさぎとかめ』の楽譜を紹介します。1番、
2番の歌詞のみ掲載しています。以降の歌詞はインターネットなどをさがし
てみましょう。音源はダウンロード資料にあります（前奏つき）。

桃太郎

作詞者不詳
岡野貞一　作曲

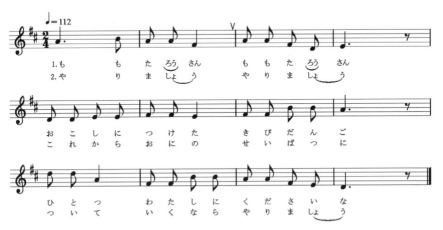

はなさかじじい

石原和三郎　作詞
田村虎蔵　作曲

1 う　ら　の　は　た　け　で　ぼ　ち　が　な　り　く　て
2 い　じ　わ　る　じ　い　さ　ん　ぼ　ち　か　り　て

しょう　じ　き　じ　い　さ　ん　ほ　っ　た　れ　ば
う　ら　の　は　た　け　を　ほ　っ　た　れ　ば

お　か　お　わ　ば　ら　ん　や　こ　か　ば　い　ー　ん　が　ら

ザ　ガ　ク　ザ　ラ　ガ　ク　ザ　ラ　ガ　ク　ザ　ラ　ガ　ク　ラ

うさぎとかめ

石原和三郎　作詞
納所弁次郎　作曲

♩=108

1. も　し　も　し　か　め　よ　か　め　さ　ん　よ
2. な　ん　と　ー　お　っ　しゃ　る　う　さ　ぎ　さ　ん

せ　か　い　の　う　ち　に　お　ま　え　ほ　ど
そ　ん　な　ら　お　ま　え　と　か　け　く　ら　べ

あ　ゆ　み　の　の　ろ　い　も　の　は　な　い
む　こ　う　の　こ　や　ま　の　ふ　も　と　ま　で

ど　う　し　て　そ　ん　な　に　の　ろ　い　の　か　か
ど　ち　ら　が　さ　き　に　ー　か　け　つ　く　か

86

第**3**節 1週間の音日記

1 音楽の機能

音や音楽には多様な機能があります。

民族音楽学者メリアムは、「音楽は音楽の主要な機能として、社会の統合を助けること、心理的緊張を緩和する手段である」と述べ、音楽の機能を次のように分類しています。

①情緒表現の機能

言うまでもなく、私たちの心に起きたさまざまな感情や雰囲気を、音楽を通して表現することです。

②審美的享受の機能

私たちが音や音楽を聴いて、美しいなあと感じることです。

③娯楽の機能

音楽を通して、人の心を楽しませ、なぐさめることです。

④伝達の機能

自分の中の心に生まれた音楽に対する思いを他者に音楽を通して「伝達する」こともそうですが、もう少し具体的なものもあります。「トーキングドラム」のように、例えば、「敵が来たぞ。」などの忠告や、ドラを鳴らして「船が出るぞ。」などの合図も、音(音楽)を通して伝えることもできます。

⑤象徴表現の機能

シンボルを象徴と訳していますが、代表的な例として「国歌」などがあります。「校歌」も学校のシンボルです。

⑥肉体的反応を起こす機能

音楽を聴いて踊りたくなったりするのが好例です。いわゆる「音楽療法」もこの機能を用いたものです。

⑦社会的規範への適合を強化する機能

　例えば国歌が流れるとき、すべての国の人々はそれに敬意を払った態度をとります。これは社会的規範に適合しているといえます。

⑧社会制度と宗教儀式を成立させる機能

　お葬式のときに読まれるお経（声明と言いますが、お経も音楽です）をひとつ想像しても、この機能は理解できると思います。

⑨文化の存続と安定化に寄与する機能

　当然、過去からの音楽を伝承するということは、文化を存続、安定させていることは言うまでもありません。

　このように音楽は、社会の中でさまざまな機能を果たしています。私たちが身の回りの音を聞いたとき、その音や音楽がどのような機能を果たしているのか、それを知ったり考えたりすることは、音楽と社会の関わりを考えることにもなるのです。学習指導要領にも合致していますね。

 # 2　身の回りの音に耳をすまそう

　本実践の（1）は、1時間で実施します。（1）の後に、5分ほど趣旨を話し、音日記を宿題にします。（2）は、自宅で1週間、音日記をつけます。保護者に手伝ってもらうようにしてもよいでしょう。そして、その発表を研究発表会や授業参観で扱います。

（1）実践1　学校の音を探そう

　サウンドスケープという考え方があります。直訳すると「音の風景」です。身近にある音や音楽を意識的に聴く、そんな習慣を子どもたちにつけさせるための実践です。ここで示す実践は、著者自身が授業で取り上げたところ、学生たちにたいへん好評だったため紹介します。

①導入

　最初に、「1分間、目を閉じてください。聞こえた音を発表してもらいます。」と話をし、1分たったら、目を開けて聞こえた音を発表させます。電気から聞こえる「ジー」という音、運動場から聞こえる声、風で窓がカタカタする音、などの答えが出てくるでしょう。

②簡単な学校の地図を準備して配布します。そして、「みなさんに学校の中で聞こえる音を探してもらいます。学校の中のどこにどんな音があるか、渡した地図に書き込んできてください。」と話します。

　木の多いところでは「木の葉がこすれる音　サラサラ」、給食室の前では「ボイラーの音　ゴーっ」などが見つかると思います。音を出すものとその音の擬音を書いて、発表させます。

（2）実践2　1週間の音日記を書こう

①子どもたちに音日記を書くことを説明します。

1週間の音の日記を書きましょう

朝、外に出て一番最初に聞いた音は？
夜、寝る前に、最後に聞いた音は？
今日聞いた中で、一番大きかった音は？
今日聞いた中で、一番きれいだった音は？
今日、聞いた中で、いちばんお気に入りの音は？
今日聞いた中で、どきどきした音は？

どうしてそう思ったか、それも考えてみよう。
昨日に比べて、何か聞き方に変化があったかな？
気づいたことも書いてみよう。

②実践1に続いて、ワークシートを配布します。そして1週間の音日記をつけさせます。1週間後にグループで次のような内容を発表させます。

・とてもおもしろかった音

・きれいな音

・不思議な音

・発表で気になった音

　子どもたちには、毎日、それらの音の感想を保護者の方々に話すように促します。保護者には、学級通信などで依頼をしましょう。同じ用紙を保護者に配布し、書いてもらうのもよい方法です。子どもが書いた音日記と、保護者の書いた音日記を比べることで、同じ家族でも、また同じ場所に住んでいても、音に対する感じ方が違うことを理解させることができるからです。

```
┌─────────────────────────────────────────┐
│          年  組  番   名前＿＿＿＿＿        │
│                                           │
│  今日から一週間、音日記をつけましょう。朝一番に聞いた音、│
│  寝るときに聞いた音・とても面白かった音・きれいな音・      │
│  不思議な音・気になった音・近所の車の音、どのような音で    │
│  もいいので、その日や前日に聞いた音を記入しましょう。      │
│                                           │
│  ┌──────────────────┬──────────────────┐  │
│  │ 例 月  日  天気 晴 │   月  日  天気    │  │
│  ├──────────────────┼──────────────────┤  │
│  │ 朝起きたとき、お母さんが卵│                  │  │
│  │ を焼いている音が聞こえた │                  │  │
│  ├──────────────────┼──────────────────┤  │
│  │   月  日  天気    │   月  日  天気    │  │
│  ├──────────────────┼──────────────────┤  │
│  │                  │                  │  │
│  ├──────────────────┼──────────────────┤  │
│  │   月  日  天気    │   月  日  天気    │  │
│  ├──────────────────┼──────────────────┤  │
│  │                  │                  │  │
│  ├──────────────────┼──────────────────┤  │
│  │   月  日  天気    │   月  日  天気    │  │
│  ├──────────────────┼──────────────────┤  │
│  │                  │                  │  │
│  └──────────────────┴──────────────────┘  │
│                                           │
│  音日記をつけて、思ったこと、感じたことを書いてください。    │
│  ＿＿＿＿＿＿＿＿＿＿＿＿＿＿＿＿＿＿＿＿＿＿＿          │
│  ＿＿＿＿＿＿＿＿＿＿＿＿＿＿＿＿＿＿＿＿＿＿＿          │
│  ＿＿＿＿＿＿＿＿＿＿＿＿＿＿＿＿＿＿＿＿＿＿＿          │
│  ＿＿＿＿＿＿＿＿＿＿＿＿＿＿＿＿＿＿＿＿＿＿＿          │
└─────────────────────────────────────────┘
```

　以下は、著者が学生に行った授業で出てきた感想の抜粋です。参考までに提示します。

〈音日記〉

●１日目：「ピン」というオーブンの音にわくわくした。

●２日目：暖房を「ピッ」とつけると「ウィーン」と機械音がし、しばらくして「ボー」と温風が出始める。「ガタンゴトン」と電車が近付いてきて徐々に大きくなる音に、これから電車に乗って行くことを憂鬱にも思いながら、よし明日もがんばろうと思う。

●３日目：自分のヒールの「コツコツ」という音に混じって、雪を踏むと「ジャリッ」という音がして次の一歩を踏み出すために地面を蹴ると「ギュッ」というような「ギシギシ」というような音がした。学校でクリスマスプレゼントをもらった。プレゼントを開ける包装紙の「ガサガサ」という音やテープをはがす「ペリッ」いう音にわくわくし、期待が高まり、なかなか

出せない発泡スチロールの「キュ」という音がもどかしかった。

● 4日目：アルバイト先はさまざまな音で満ちている。

● 5日目：聴いていて楽しくなった。ふだん学校やアルバイトのために慌た
だしく電車に乗っているのであまり意識したことがなかったが、よく聴い
てみると面白い。心に余裕があるときには、いつも聴いている音とは違っ
て聞こえると感じた。

● 6日目：小雨の音は何となく寂しく感じる。人が少なく、しんとした休憩
室で口紅を塗り直した自分の口から「パッ」と音がして、恥ずかしかった。

● 7日目：お昼に台所に行くと母がいて、お鍋の煮える「グツグツ」という
音や、まな板の上で「トントン」という包丁の音や、スリッパの「パタパ
タ」という音がする。さまざまな音に満ちていて騒々しいが、なんとなく
安心する音である。

〈学生が書いた感想〉

● 1日目：はじめて音日記をつけて、日頃自分がどれほど音を意識していな
いかがわかった。

● 2日目：音って面白い。私たちの身のまわりには本当に音があふれていて、
音のない世界など存在しないのだなあと深く感じた。

● 3日目：今日はきれいな音というものを特に意識して聴いてみるようにし
た。風鈴の音は本当に夏を連想させるもので、聴いているだけで涼しくな
り、まさに共感覚というものだなあと感動した。

● 4日目：音日記をつけ始めて、私の日常に変化があらわれた。毎朝、アパ
ートの玄関を出て外へ一歩踏み出す瞬間が楽しみになった。今日はどんな
音を一番最初に聞けるだろうかと。

● 5日目：身のまわりの音を、心地よいと感じるようになってきた。

● 7日目：一つひとつの音をよく聞くということは、一つひとつの音を大切
にするということと同じなのだなあと感じた。

その他、複数の学生の感想を取りあげておきます。

● iPod を外して通うようになって、いろいろな音を聴くようになって、い
ろいろなことを考えるようになった。

● 音の感想を「なぜ気にいったのだろう」と掘り下げて考えることで自分自身の心の理解もできた気がする。

● 音のする物体そのものに私自身が心を寄せることで、見えないものが見えるような感じがして不思議だった……私たちの生活環境は、知らず知らずのうちに聞こえる音の限界をつくってしまっているのかもしれない。

● 昔真似をしていた音とは違う音がたくさんあった。「これを表現するならこの音」と固定観念にとらわれていたことに気づいた。

● 音はその人の感情に寄り添うからこそ、人の心を揺さぶるのだろうと思った。

● 家の周りは工場地帯であるため、常に工場の作業音が聞こえてきます。私はそれがとても嫌いです。そして、私にとっての「音」とはほとんどそれに限られていました。そのため、極力人工的につくられた音楽以外の音を聞かないように過ごしていたのですが、今回音日記をつけるにあたり、注意して周りの音を聞いてみたことで、自分の周りには非常に多くの音があふれていることがわかりました。

● 今まで意識してなかっただけで、面白い音やきれいな音など様々な音がありました。そしてそれらが、場所やそのときの状況によって、毎日少しずつ変化していることにも気づくことができました。そうしているうちに、毎日耳に残る音を探して、日記にしていくという行為が、とてもおもしろく思えてきました。

● 私が一番気に入った音は「想像」ができる音でした。猫が天井で動く音や、隣の家から聞こえてくる声などは、目には見えないけれどもすぐにでも情景がイメージできるような音であったため、他の音とはまた異なった味わい方をすることができ、非常に興味深かったです。

● このように音日記をつけたことで、私の中の「音」に関する認識が変わったことがわかると思います。「音」だけでなく他のことも、少し落ち着いて周りを見渡してみることで、新たに気づけるようなおもしろいことは数多くあると思います。これからは、そのようなことを、自分の周りからもっと見つけていきたいです。そうすることで、自分の感性が豊かになり、広い視野をもつことができるようになると思います。

第5章

音楽を選んで発表

1　BGM の効果

　BGM（バックグラウンドミュージック）とは、映画、テレビドラマ、ゲーム、また、ショッピングモールやレストランなどの背景で流れる音楽のことです。BGM は主役ではありませんが、場面や空間の感じ方に大きな影響を与えます。

　音楽を効果的に使った映画の代表的な例として、スティーブン・スピルバーグ監督の『ジョーズ』があげられます。少し古い映画ですが、人食い鮫ジョーズが迫ってくるシーンの「ジャージャン、ジャージャン」という音楽は誰もが耳にしたことがあると思います。この「ジャージャン」という音、映画ではジョーズの登場シーンで流れます。映画の中で何度も耳にするうちに画面上にジョーズが登場していなくても、「ジャージャン」という音が聞こえるだけで、「ジョーズ」が近づいているように感じます。音が聞こえただけで「大変！ジョーズが近づいてきてる。はやく逃げて！」とハラハラしてしまうのです。音楽の効果を最大限に生かした映画だと言えます。

　音楽は空間にも影響を与えます。クラシック音楽が流れているショッピングモールは、J-POP が流れるお店よりも高級な感じがします。日常生活の中の音楽にも、さまざまな機能がありますね。

 ## 2　学校紹介の動画をつくろう

　近年、入学式や卒業式などの待ち時間に写真を集めたスライドショーを目にすることが多くなりました。かつては、パソコンで手間をかけて作成していたスライドショーですが、現在ではスマートフォンやタブレットパソコンのアプリ iMovie や、Google フォトなどで、簡単に作成することができる

ようになりました。ここでは、新入生向けに学校紹介のスライドショーを作成する実践を紹介します。校内の写真を集め、画面に合う BGM を考えます。教師は事前に 3 種類の異なる音楽をつけた見本のスライドショーを作成しておきます。BGM は、フリー音楽素材などのサイトから次の 3 つを選ぶとよいでしょう。

A　楽しく感じる音楽
B　怖く感じる音楽
C　ゆったりした感じの音楽

（1）導入

　教師は事前にスライドショーをつくっておきます。現在の学級の様子を撮影して作成するといいでしょう。スライドショーができたら、A の音楽を BGM に入れます。30 秒程度がちょうどいいようです。ここでは、A の BGM を挿入した動画だけを見せます。

（2）紹介したい場所を考える

　「4 月になったら 1 年生が入学してきますね。学校の中で、新 1 年生に紹介したい場所はどこですか？」と問いかけます。「図書館」「中庭」「音楽室」など、子どもたちからさまざまな声が出てくるでしょう。いろいろ意見が出

てきたら、スライドショーをつくることを話します。

(3) 写真撮影にレッツゴー

　タブレットを使って、グループごとに写真を撮影します。他のクラスの授業の邪魔にならないようルールをきちんと決めておきましょう。「校舎」「中庭」「体育館」などのように分担を決めるとスムーズです。

(4) スライドショーの作成

①電子黒板などを使ってスライドショーの作り方を説明します。つくったことがある、アプリを操作したことがあるという子どもが複数いる場合は、簡単に説明すれば十分です。

②写真を組み合わせ、30秒程度のスライドショーを作ります。タブレットパソコンのアプリは感覚的に操作することができるため、案外簡単に作成できます。

(5) 映像と音楽との関係を考える

　ここで、AのBGM動画をもう一度見せます。続いて、BのBGM動画とCのBGM動画を見せます。そして、どのBGMがぴったり合うかを話

し合わせます。音楽によって、映像の感じ方が違うことが実感できるはずです。

（6）BGM の選択

　スライドショーに合わせて BGM をつけます。

　フリー音楽素材などのサイトから選択するとよいでしょう。「ゆったり」「ジャズ」「ピアノ」など、ジャンル別に紹介されているサイトの曲を使えば、スムーズです。教師が事前に準備しても OK です。その場合はグループ数×2ぐらいの曲数を準備しておきます。子どもたちは、（5）で映像と音楽の関係を学んでいますので、ぴったりの BGM を考えることができます。

（7）クラスで鑑賞会＆行事で活用

　できあがったら、クラスで鑑賞会をします。よかったところ、工夫した方がいいところなどを交流しましょう。できあがった動画は、入学式の日、新入生や保護者に見てもらうといいですね。

1　たまにはこんな授業も

　音楽の授業は基本的に音楽室で行われます。しかし、授業参観などで、どうしても音楽室が使えないことがあります。そんな場合、普通教室ではあまり大きな声を出しての音楽授業はできません。

　そんなときに使える事例を紹介します。「言語活動の充実」がいわれる現在の音楽科にぴったりな事例でもあり、今、筆者が音楽科教育で最も必要と思っている「考える音楽授業」の好例でもあります。

　加えて、その授業を参観した保護者に対して、こういった音楽科の授業もあるのだと感得してもらえると考えます。

2　言語活動の充実と音楽科

　学習指導要領の「総則」第1の2（1）及び第3の1（2）では、全教科に対して言語活動の充実を求めています。音楽科の場合、音と言葉を結びつけたり、言葉のリズムを音に結びつけたり、音楽的な特徴と雰囲気を言葉で表したりと、さまざまな方法があります。

　打楽器奏者が6連符を奏するとき、「武蔵小杉（むさしこすぎ）、むさしこすぎ」と地名を言いながら楽器を叩きますが、これなどもリズムと言葉を結びつけたおもしろい例です。

　中でも、本事例は、「子どもたちが根拠をもってひとつの音楽の価値について語る」方法です。

3 よい授業とは

　事例の具体に入る前に、「よい授業とはなにか？」ということについて、再考しましょう。これは本事例に限ったことではなく、授業の本質を考える上で重要なことです。

　よい授業とは、もちろん、教師側がねらったことを、子どもが理解し、学力がつくことです。学力は教科によってその捉えはさまざまです。研究発表や参加授業では、「なるほど子どもたちは理解し学力が身についているな」という姿をみせたいものです。

　では、授業がどうなった状況で、上記のことが証明できるでしょうか。私は音楽科という科目の特性上、その授業時間内で子どもたちが音楽に熱中している、この状況に至ることが、それを証明していると考えます。これは音楽に限らず、他の教科でも同様だと思いますが、とくに芸術教科には必要なことだと考えます。

　それを判断するのは、①「子どもたちだけで授業が展開されている状況」及び、②「教師の静止を聞かない状況」です。

　具体的に、①は、教師の主導がなくても、子どもたちがどんどん授業に取り組んでいることです。②は「ねえねえ、みんなこっち向いて！」と言っても、子どもたちにはそういった声が届かず、ひたすら課題に取り組み、思考が深まっている状況です。そういった授業の状況が生まれているかが、よい授業かそうでないかの見分け方でもあります。

4　ユネスコへの推薦曲を考えよう！

（1）導入

　グループでユネスコへの推薦曲を考えさせます。

ユネスコからの依頼

無形遺産として日本や日本を代表する音楽を
5曲推薦してください

皆さんはどんな曲を推薦しますか？
推薦の理由も述べてください。

そして、次のような表を配布します。

曲名	作曲者・作詞家もわかれば書いてください。推薦の理由を書いてください。
①	
②	
③	
④	
⑤	

　想定される答えとして、「アニメの曲」があげられます。また理由としては、「日本のアニメは世界的に有名だから」などがあるかもしれません。どんな回答でも構いません。グループで、5曲を決めます。

（2）共通の曲目をチェック

　選曲が終わったら曲名を黒板に書かせます。グループ名も書かせておきましょう。あとで議論を進めるときに便利です。

次に、共通の曲目をチェックします。教師は「同じ曲がありますね。まずは印をつけます。」と話し、以下のように、○、◎　△、▽　◇　□などの記号で、同じ曲に印をつけます。

①	ドラえもんの歌　○		①			①		
②			②	ドラえもんの歌　○		②	ふるさと　△	
③	上を向いて歩こう　◎		③	ふるさと　△		③		
④			④			④	上を向いて歩こう　◎	
⑤			⑤			⑤		

（3）推薦曲決め　その1

推薦曲の決め方

1　他のグループの曲で、日本や日本人の
　　音楽としてふさわしくない曲を選び、
　　なぜふさわしくないかを証明します。

2　選ばれたグループの人は、ふさわしい理由を
　　反論します。反論できない場合は曲を消します。

3　消されずに残った5曲が推薦曲です。

　ふさわしい曲を選ぶのではなく、ふさわしくないと思う曲を選んで消していく方式です。自分のグループの曲がふさわしくないという指摘があった場合は、それに対して理由を説明し、「だからふさわしいのだ」ということを証明します。立証が終わったら、他のグループの曲に対して、ふさわしくないことを指摘します。

　「攻撃は最大の防御」という言葉があります。いかにして他のグループの曲がふさわしくないのかを説明し、相手の曲を消すことができるかがポイントです。

　最初は、相手の曲を消去するという行為に戸惑いがあって、なかなか発言がないかもしれません。そんなときは教師が、『ドラえもんの歌』は、「アニメは日本を代表する文化だから、ユネスコに登録するのがふさわしいとの意

見ですが、それでいいですか？」など、発言を誘いましょう。

　そんな中で「『ドラえもん』を消すなら、他のアニメの曲も同様に削除すべき」とか「『ドラえもん』を残して、○○曲を削除すべき。理由は○○○」だからとの発言があれば、後は放っておいても、発言が増えてくるはずです。この段階での発言は個人レベルで構いません。

（4）推薦曲決め　その2
　上記のような活動を10分ほど続けた後、次のように勧めます。

作戦タイム

これから10分間の作戦タイムです。

1　グループで相手のどの曲を削除するか話し合う。

2　自分たちの曲を推薦する理由をもう一度考える。

　今度はグループで話し合いをします。子どもたちは、先ほどの他のグループの発言などから、相手の曲のどれをどのように攻撃するかを考えるでしょう。その結果、グループ間で、相手の曲を攻撃し、また自分の曲を守るために、さまざまな理屈を構築するようになります。

　最終的には、各グループから1曲ずつが残るようにすればベストですが、曲数にこだわる必要はありません。

（5）推薦曲の鑑賞に向けて

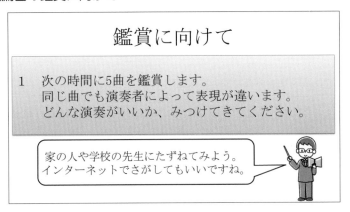

可能であれば、例を聴かせましょう。『さくらさくら』などがよいでしょう。箏、ピアノ、ヴァイオリンなど異なる楽器の演奏を聴かせると「表現が違う」という意味がわかりやすくなります。異なる歌手が歌った音源を聴かせてもいいですね。

　本実践に正しい答えはありません。そのグループが選んだ曲の推薦理由が全員で納得できるか、また実際の曲が発言の内容と合致しているか、を考えさせることが大切です。音楽評価に対する「根拠をもった発言」を学習させることがねらいです。

　筆者の経験では、こういった議論を聞いた参観者は、音楽の授業とは、歌や器楽演奏の実技だけではないことを理解します。また、子どもたちの議論を通して、参観者も自分だったらどうかということを考えます。

　ただし、1時間すべてをこの議論で使うのも音楽科としてはもったいないような気がします。よって、筆者の場合、必ず少し演奏というものを取り入れています。「みんながすでに覚えたこの歌は、ユネスコに推薦できるかな？」などの発言をして、既習曲も授業の中で扱います。

　本授業では、参観者をグループに巻き込んでもよいでしょう。鑑賞曲を教師側から押しつけるのではなく、鑑賞曲そのものを自分たちが納得して選ぶ、それらの曲を鑑賞の学習活動で扱うことは、子どもたちの能動的な聴き方を自然に作り出すはずです。

第6章

日本の音楽で発表

第1節 日本の音ってどんな音？

1 参観者を巻き込む授業

　研究授業や公開授業を担当するとき、「普段のまま」と思いつつ、やはりそれなりの準備と緊張を伴うのは、教師として当然です。そんなとき、参加者も巻き込みながら、「日本の音や文化」を扱う授業として提案するのが本事例です。もちろん実践授業の一例ですが、その前提として、私たちは「なぜ日本の音楽」について学習するのかをきちんと押さえておく必要があります。というのも、教師のそれらの理解が授業時の発言の裏づけとなり、子どもたちに対する発問のはしばしに生きてくるからです。

　公開授業などで大切なことのもう一つは、その公開を参観している方々（保護者など）を巻き込んだ授業設定をすることです。音楽科では、一つの設問に対して多様な解釈をすることができます。そして、これこそが音楽科の特性です。音楽科では、子ども、教師、そして保護者が一緒に考える、そんな授業が可能なのです。

2　なぜ日本の音楽を学ぶのか？

　世界中の国々でもそうであるように、日本にも生活や社会、風習の伝統から生まれ、現在に伝承される音楽や芸能がたくさんあります。そんな音楽を総称して、学習指導要領では「我が国の音楽」と呼んでいます。これはここで言う「日本の音楽」と同義語だと理解してください。

　人が自分の住む地域や国の音楽や芸能を知ること、これは日本に住む人が日本語を学ぶのと同じように自然な行為です。よく「国際人」という語を聞きますが、国際人という人種などはいるはずもなく、一つの国に所属している人が国際的に活躍している人を、そう呼ぶにすぎません。そして国際的に活躍している人の誰もが、アイデンティティの大切さを口にします。国際人だけではなく、今、世界がボーダーレス化しようとしています。そんな現代だからこそ、自国の音楽や芸能を積極的に知る必要があるのです。

　さて、日本の音楽と一言に言っても、多様です。過去から伝承された音楽を、多種多様な形で現在でも見ることができる国は、世界でも日本だけだという考え方があるくらいです。日本の音楽の多様さを知ってもらうために、最後に日本の音楽の全体像を添付しておきます。

　私たちに名前のなじみ深い音楽の種類をちょっと挙げただけでも、「わらべうた」「民謡、古謡」「箏や三味線、尺八などの和楽器の音楽」「祭りばやし」「雅楽」「歌舞伎」「狂言」など、たぶん日本に住む人ならば、たとえそれぞれの具体的な内容はわからなくても種類名は聞いたことがあると思います。

　それだけ多くの音楽が存在するわけですから、それらのどれを対象にしても、日本の音楽を学習することになるのです。「日本の音楽学習」というのを難しく考えないようにしましょう。

　ところで、外国人が日本に来て、日本にしかない音としてあげるのが「パチンコ屋さんの騒音」だといいます。逆に私たちが外国にいった際、何かを聞いて、「これは日本ではあまり聞かない音だ！」と感じた経験はないでしょうか。今はそうでもなくなりましたが、中国に行くと、日本では考えられないほどの車のクラクション音が聞こえたものです。しかし、その国に住む人々には「慣れた音」なので、あまり関心が払われません。ここでは、まず

は私たちが普段から耳にしているため、気づかない「日本的な音」を探すことから始めましょう。

3　日本の音を探そう！表現しよう！

本事例では、授業の中で「保護者の方々もご一緒にお考えください」など、授業参観の方々を巻き込む声かけをしてください。発言した子どもが、次の発言者として保護者の方を指名するのもよいでしょう。

（1）日本の音探し

①お寺や神社

　「この写真はお寺の写真です。お寺でも神社でも、そこだけで聞こえる音と思う音をなんでもいいのであげてください。保護者の皆様もご一緒にお考えください。」と話します。そして、グループで話し合いをします。次のような答えが出てくると考えられます。もし出てこなかったら、教師が助言してもよいでしょう。

　「お寺の鐘をつく音」「神社の鈴を鳴らす音」「参拝する際の拍手の音」「玉砂利を踏む音」「お経の声」「祝詞の声」「賽銭を入れるときの音」……たとえ、その音がアジアのお寺の音であっても構いません。とにかく思いつくところをどんどん発言させて、「日本の音」について子どもたちが考えることが大切です。

②祭りやお正月

「祭りとお正月の風景です。今度はどんな音があるでしょうか。」と問いか
けます。祭りは、地域の盆踊りでも、有名な観光的な祭りでもなんでも構い
ません。正月も同様です。一人ひとりの子どもたちの経験の中で知った音を
発言させれば、それでよいのです。

③まとめ

上記の発問は、子どもたちは自分の知らなかった日本の音を知り、普段、
気にしなかった音について考えるきっかけになります。また、大切なのは、
一口に「日本の音」と言っても、地域によってさまざまな音があることを知
ることです。

（2）日本らしい音の表現

　次は、日本的な音の表現です。教師が提示した音を、子どもたちに模倣させます。題材は相撲です。

　次のように話します。

> 　相撲では、皆さんも知っているとおり、力士の呼び出しがあります。また、太鼓なども使われます。グループで、呼び出しの声や太鼓の音をまねしてください。あとで発表してもらいます。

　相撲は日本の国技です。「ひがし〜○○」「にし〜○○」というように、インターネット上にはさまざまな呼び出しの声があります。お相撲さんの名前を友だちの名前に代えてみたりすると楽しい活動になります。この呼び出しの声の抑揚も日本独特のものです。

　また、相撲で太鼓を叩くのには、３種類の意味があります。

　一つは、「触れ太鼓」です。大相撲興行初日の前日に太鼓を叩きながら街中を練り歩き、大相撲興行が開催されることを多くの人に知ってもらうために触れ回る太鼓のことを言います。

　次は、「寄せ太鼓」です。寄せ太鼓は、本場所中や地方巡業中に毎朝８時頃から約30分間叩かれます。「今日も大相撲の取組があるよ！」「大相撲を見に来てね！」といった意味で太鼓を叩いています。お店で例えるなら「本日も営業中です！」と看板を出しているような意味合いです。今はテレビやイ

ンターネットなど、広告の方法は多種多様ですが、昔はこのようにしてお客様に知らせたのでしょう。寄せ太鼓は、その他にも一番太鼓（いちばんだいこ）や朝太鼓（あさだいこ）とも呼ばれたりします。

　最後に、「跳ね太鼓」（はねだいこ）です。跳ね太鼓とは、大相撲興行の1日の中で、すべての取組が終了したことを知らせるために叩かれています。いわば相撲興行の終わりを告げる太鼓といったところです。また、跳ね太鼓には、もうひとつ意味があります。「明日も見に来てくださいね！」ということをお知らせしています。

　相撲太鼓には、日本独特の「序破急」という考え方が生かされています。序破急は、もともと雅楽の舞楽から生じた概念ですが、この考え方は日本のあらゆる芸能に影響を与えているといってよいでしょう。事例で説明する必要はありませんが、小学校で序破急を経験しておくことは、後で日本の芸能を理解する際、役立つはずです。

　ここでは、三つある太鼓のうちの「一番太鼓」を例にあげましたが、別にそれにこだわることもありません。

　また、模倣の事例として、ここでは相撲の呼び出し声や太鼓を取りあげました。しかし、「日本的な音」ならば、なんでもよいです。インターネット上には、例えば「金魚売りの声」「風鈴売りの声」などの江戸情緒あふれる声をすぐ見つけることができます。また、声ではなくて、日本にある音を簡単な楽器や身の回りにあるもので音を模倣するのもおもしろいと考えます。その参考になるのが、環境省が出した『残したい日本の音風景100選』(https://www.env.go.jp/air/life/nihon_no_oto/) です。この授業で、子どもたちに体験、理解してもらいたいことは次の点です。

　1）身のまわりにある日本的な音や音楽に気づくこと
　2）それらの音は、社会や伝統の中で生まれて、今に伝承されていることを知ること

日本音楽の全体図

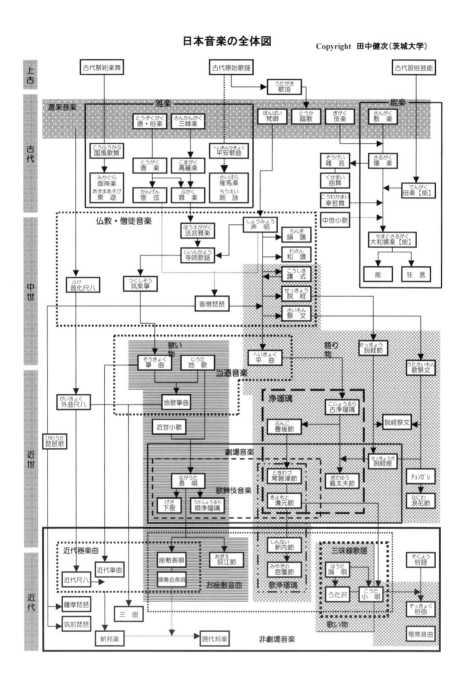

1 箏について

　箏は特別な楽器、取り入れるのに敷居が高く、なかなか手が出せないと思っている方も多いのではないでしょうか？　実をいうと、箏は思った以上に演奏がしやすい楽器です。爪をつけた指で絃をはじけば音がします。尺八のように、吹いても音が出ないということもありません。また、三味線のように左手で音の高さを調整しながら、右手で演奏するというようなこともありません。

　箏には13の絃があります。13の絃の音の高さに決まりはありません。「ドレミファソラシ」の音程にしたり、「ミソラドレ」（民謡音階）の音程にしたり、「ドミファソシ」（琉球音階）の音程にしたりすることができます。つまり、自由に音の高さを調節することができるのです。これを調弦と言います。箏は曲に合わせて調弦することが可能です。したがって、メロディを簡単に弾くことができるのです。

　なお、「ドレミファソラシ」は、7つの音で構成される西洋の音階です。ディアトニック音階と言います。五音音階は5つの音で構成される音階です。五音音階には「ドレミソラ」で構成されるヨナ抜き音階、「ミソラドレ」で構成される民謡音階、それに「ドミファソシ」で構成される琉球音階などがあります。五音音階で書かれた曲なら、「ドレミファソラシド」よりも音の数が少ないので、箏での演奏がしやすくなります。

2 合唱奏に箏を加えて

　学校には音楽を発表する場がいくつかあります。校内音楽会、卒業式、入学式、また、より規模の小さい朝の音楽集会などです。子どもはそれぞれの

目標に向かって一生懸命練習します。練習した曲は誰かに聴いてもらいたいものです。この事例では、『ソーラン節』に箏を加えた合唱奏を扱います。合唱奏とは、合唱と器楽合奏を合体させた形態のことです。『ソーラン節』といえば、幼稚園や小学校での威勢のある踊りが第一に思い浮かびますが、もともとは北海道の日本海沿岸でニシン漁のときにうたわれた民謡です。本合唱奏は、箏演奏家の吉原佐知子さんによるアイデアです。

(1) 授業前の準備など

①授業計画と合唱奏の編成

授業は2時間計画です。できあがったら、音楽集会などで発表します。編成は、箏、リコーダー（歌かけもち）、鍵盤ハーモニカ、太鼓です。あまり大きな楽器を持ち運ぶ必要のない編成です。

②箏の準備（調弦）

箏を3面から5面程度用意します。学校にない場合は、近隣の中学校から借りるという手もあります。

箏は授業前に調弦をして、セッティングしておきます。箏に向かって右端に絃の番号シールを貼っておくと便利です。柱の立て方や調弦の仕方、演奏法はインターネットを検索してみましょう。おすすめは、洗足学園音楽大学の伝統音楽デジタルライブラリーです。

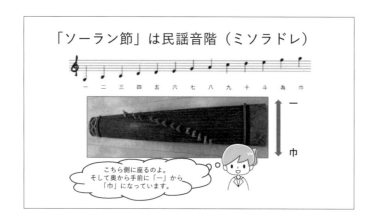

（2）1時間目：曲の構成の把握とパート練習

①導入

　最初に、「この曲の名前はなんでしょう？」と言って、『ソーラン節』の音源を聴かせます。運動会で聞いたことがある子どもからは『ソーラン節』の答えが返えってくるでしょう。ここで、『ソーラン節』が北海道の民謡で漁師さんが歌ったうたであること、これから合奏をすることを話します。そして、楽譜を配ります。参考音源を聴かせるとよいでしょう。

②パート分け

　パートは、箏、リコーダー（＋うた）、鍵盤ハーモニカ、打楽器です。打楽器は和太鼓（宮太鼓、締太鼓、チャンチキ）があればすてきですが、コンガ、ボンゴ、シンバルなどで代用できます。鍵盤ハーモニカよりもリコーダー（＋うた）を多めに配置します。学校所有の楽器は、数に応じて担当を決めます。

　箏は、メロディ、伴奏（1）、伴奏（2）に分けます。四面以上準備できたときは、メロディ（2～3名）、伴奏2名のように、メロディの人数を多くします。

③パート練習

パート分け

セクション	パート	ばん奏（箏）	打楽器
イントロ	なし	途中からあり	あり
メロディA	リコーダー	あり	あり
メロディB	箏	あり	あり（＋かけ声）
メロディC	けんばんハーモニカ	あり（＋かけ声）	あり（＋かけ声）
メロディA	リコーダー	あり	あり
メロディB	箏／うた	あり	あり（＋かけ声）
メロディC	けんばんハーモニカ／うた	あり（＋かけ声）	あり（＋かけ声）
後奏	箏／リコーダー／けんばんハーモニカ	後奏と同じ	後奏と同じリズム

メロディABC は2回、くり返すよ！
リコーダーを担当する人や打楽器担当の人は、2回目に「うた」を入れよう！！

　パート譜と音源を配り、時間を決めて練習します。「まずは一人で、できるようになったら、パートのメンバーで合わせて練習してごらん。」と伝えます。参考音源を入れたタブレットを各パートに渡すとよいでしょう。タブレットの数が少ない場合は、打楽器から優先的に渡してください。打楽器は参考音源に合わせて練習した方が安定します。

④パート練習：箏の指導

メロディ

　パート練習に移ったら、まずは子どもに馴染みが薄い箏を指導します。最初はメロディパートからです。教師が手本を演奏します。そして、パート譜の音符の下に書かれた数字が弦の番号であること、数字を見て演奏することを説明します。子どもはすぐに練習して弾けるようになるでしょう。

伴奏

伴奏のパターンを練習しよう

パターン（1）　　　　　パターン（2）

伴奏パートは、2 手に分かれて、それぞれ決めたパターンを練習します。
「ソーラン節」のテンポでくり返し、演奏できるようにしましょう。

伴奏

・パターン（1）と（2）を重ねるよ。

メロディ

（2）

（1）　①　　②

パターン（1）を2回繰り返した後に、パターン（2）が入ります。

　最初に、パターン（1）と（2）を教師がそれぞれ弾きます。そして子ど
もにまねをさせます。そして、「○○さんは（1）を繰り返します。△△さ
んは（2）を繰り返します。」と話します。できるようになったら、パター
ン（1）、パターン（2）の順に重ねて演奏します。

⑤パート練習：打楽器の指導

　宮太鼓をコンガなどで代用する場合はバチで叩きます。打楽器のパートは単純ですが、テンポをキープする重要な役割があります。「メロディを安定させて、よい演奏にするのは君たちだからね。」と伝えましょう。曲が終わるまで同じリズムで演奏します。

⑥パート練習：リコーダー

　2回繰り返して演奏します。最後の反復記号に気づかせましょう。リコーダーは「うた」の練習もします。うたは、節末の楽譜を参考にしてください。

⑦パート練習：鍵盤ハーモニカ

⑧メロディの演奏

　ある程度練習できたら、旋律だけをつなげて演奏します。曲の全体像がみ
えてきます。

（3）2時間目：合唱奏しよう！

　最初に、各パートの演奏を、別々に確認しましょう。

①前奏と伴奏の練習

箏伴奏パターン②

箏伴奏パターン①

チャンチキ（シンバル）

締太鼓（ボンゴ）

宮太鼓（コンガ）

　「前奏と伴奏は、打楽器と伴奏の箏で演奏します。宮太鼓（コンガ）、締太鼓
（ボンゴ）、チャンチキ（シンバル）、伴奏パターン①、伴奏パターン②の順番
に入ります。」と説明してから、演奏します。最初はゆっくりのテンポで演奏し、
教師が各楽器に合図をします。できるようになったら、テンポを上げます。

②メロディを加えて合奏練習

　前奏と伴奏が完成したらメロディを加えます。メロディは、リコーダー、
箏、鍵盤ハーモニカの順につなげて演奏します。通せるようになったら、繰
り返します。繰り返しのときは、リコーダーパートが、うたを歌います（節
末参照）。

③後奏の練習

　最後に後奏です。後奏は、リコーダー、箏、鍵盤ハーモニカのいずれの楽
器も同じメロディを演奏します。打楽器も同じリズムを打ちます。リコーダ
ーは4小節目から演奏してもよいでしょう。

④かけ声（囃子詞）を入れよう

　伴奏と打楽器の人たちが元気よく「かけ声」を入れます（節末参照）。ま
ずは、「かけ声」だけ練習します。できるようになったら、タイミングを合
わせて「かけ声」をかけましょう。

ソーラン節メロディ

あっというまに六部合唱

1　わらべうたの音組成

　日本の伝統音楽の一つに「わらべうた」があります。わらべうたは基本的には子どもたちの遊びの中で歌われ、伝承されてきたうたです。

　わらべうたには日本の音楽らしい雰囲気があります。ではなぜ、日本の音楽らしい雰囲気がするのでしょうか。理由の一つに、日本独特の音組成が挙げられます。日本のわらべうた、そのほとんどは二音、三音、四音でつくられています。これが、日本の音楽らしさを、かたちづくっているのです。

　二音のわらべうたは、ラとソの二音で演奏することができます。『どちらにしようかな』などは、ほぼ二音で演奏できます。ピアノなどでさぐり弾きしてみましょう。ピアノが苦手な方でも簡単に弾くことができるはずです。

　三音でできたわらべうたには、『ちゃちゃつぼちゃつぼ』などがあります。ミとソとラの三音で演奏することができます。さらに、これにシが加わったわらべうたには、『かごめかごめ』『げんこつやまのたぬきさん』などがあります。

　このように、わらべうたは西洋の「ドレミファソラシド」とは違う音階でつくられています。したがって、「ドミソ」や「シレソ」などの、西洋の伴奏をつけて演奏すると「ちょっとちがうなあ。」と感じてしまうことがあります。その一方で、わらべうた同士を、重ねて歌ったり、追いかけっこをして歌ったりすると、不思議なハモリを味わうことができます。おもしろいですね。

2　わらべうたで発表

　ここでは、『かごめかごめ』を題材とした、合唱のアイデアを紹介します。

なんと六部合唱です。やさしくできるのに、難しそうに聞こえます。本事例
は、山田潤次さんによる「カノン＋オスティナート」（『新・音楽指導クリ
ニック３』学事出版、1999年）をもとに構成しました。ここで言うカノンは、
追いかけっこして演奏する方法です。オスティナートは、同じリズムを繰り
返して演奏する方法です。フルスコアは、節末に掲載しています。

（1）全員で歌う

> ### みんなでいっしょに『かごめかごめ』
>
> かごめ　かごめ　かごのなかの とりは
>
> いついつ でやる　よあけの ばんに
>
> つるとかめが すべった　うしろのしょうめん だあれ

　まずは、みんなで一緒に歌います。ラの音から歌い始めるとよいでしょう。

（2）輪唱する（カノン）

　クラスを四つに分けて、１小節ずつずらして輪唱します。楽譜の星を目印
に、追いかけっこをしながら歌います。

(3) 繰り返しを練習（オスティナート）

全員で「うしろのしょうめん　だあれ」を繰り返して歌います。ＥとＦ
はどちらも同じ旋律です。ただし、始まりの音が違います。Ｅのパターンは
ラの音から歌い始めましょう。Ｆのパターンはミの音から歌い始めます。ど
ちらも全員で歌ってみましょう。できたら、クラスを半分に分けて合わせま
す。

（4） カノンとオスティナートを重ねて歌う

「おっかけっこ」と「くりかえし」をかさねて歌おう

1 ６つのグループにわかれます

2 ４つのグループはおいかけっこで『かごめかごめ』を歌います。

3 ２つのグループは、「うしろのしょうめんだあれ」をくりかえします。

4 「うしろのしょうめんだあれ」チームが2回くりかえしたら
   『かごめかごめ』チームが歌いはじめます。

　クラスをＡＢＣＤＥＦの６つのグループに分けます。ＥとＦは、（3）の
要領で「うしろの正面　だあれ」のフレーズを歌い続けます。ＥとＦが２回
歌ったら、ＡＢＣＤは（2）の要領で、「かごめかごめ」を加えて歌います。
ＥとＦは、『かごめかごめ』が終わるまで繰り返します。教師が終わりの合
図をするとよいでしょう。節末の楽譜を参考にしてください。

（5） さらにチャレンジ

　可能であればＥとＦにリズム打ちを加えましょう。

フルスコア（中略あり）

中
略

※『かごめかごめ』以外のわらべうたにもチャレンジしてみましょう。ＡＢ
　ＣＤは、ＡＢＣでもＡＢだけでも構いません。

第7章

世界の音楽で発表

第1節 誰でもかんたん！手づくりカズー

1 観客の目をひくめずらしい楽器

　観客の目をひく発表の一つにめずらしい楽器を使うというワザがあります。箏や三味線、篠笛などの和楽器、トーンチャイムやハンドベル、ヴァイオリンやクラリネットなど、普段の授業で使わない楽器、生演奏であまり耳にしたことがない楽器があるだけで、注目を集めますね。

　しかし、そう簡単にめずらしい楽器が学校で買ってもらえるわけではありません。また、どの子どもも、触ってみたい、やってみたいという気持ちが強くなるため、取り合いになってしまうことも少なくありません。また、演奏が難しい楽器もたくさんあります。

　安価でめずらしい楽器でやさしく演奏するには二つの方法があります。一つは、楽器以外の道具や自然物などを活用することです。例えば、調理器具です。フライパン、鍋、ザルなど、叩いてみると、おもしろい音が出るものがたくさんあります。スプーン同士を打ち合わせてもいいですね。また、グラスや瓶に水を入れても楽器ができます。水の量を調節すれば、旋律を演奏することもできます。グラスの縁をこすってもよいでしょう。草笛を吹くのもおもしろいですね。草笛の吹き方はインターネットでも紹介されています。

　もう一つは、手づくり楽器です。最も簡単に作ることができるのはマラカスでしょう。缶やペットボトルに、豆やビーズ、砂などを入れます。中身によって音が変わります。マジックでイラストを描いたり、シールを貼ったりすると、世界に一つだけの楽器ができます。

　また、バケツにガムテープ（布）を張って、太鼓をつくることもできます。ポリバケツの上に、ガムテープを放射状に貼ります。大型のポリバケ

ツでつくると、バスドラムのような低音がします。

 # 2　カズーに挑戦

　カズーのルーツはアフリカの民族楽器にあります。少し昔になりますが、
2010年のFIFAワールドカップで有名になった「ブブセラ」という楽器に似
た「ブー」という変わった音がします。この楽器、正確には吹くのではなく、
自分で声を出して演奏します。つまり、うたが歌えれば演奏できるのです。
カズーの作り方には、さまざまなものがありますが、赤や青など、色がカラ
フルで見映えがするカズーの作り方を紹介します。

（1）準備
①準備するもの
　工作用紙（赤、青などカラフルな色のもの）、半透明のポリ袋（シャリシャ
リのもの、ゴミ袋でもOK）、透明ガムテープ、セロハンテープ、ハサミ、
カッター、バトン（運動会のリレーで使うもの）、油性ペン

（1）導入
　教師が事前につくっておいたカズーを演奏します。『きらきら星』など、
簡単な曲で構いません。「ウー」と言いながら、歌うだけでいいのですから
簡単です。めずらしい音に子どもたちは興味津々です。

（2）カズーをつくろう

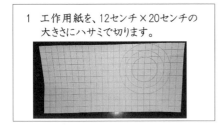

1　工作用紙を、12センチ×20センチの
　大きさにハサミで切ります。

2　2センチ×2センチのあなを、
　カッターナイフであけます。

3 工作用紙を丸めて、
とうめいガムテープでとめます。

テープをはってから、バトンを
いれて、まくといいよ。

4 ポリ袋を切って、3センチ×3センチの
四角のシートをつくります。

油性のペンで線をひくといいね。
だいたいの大きさでいいよ。

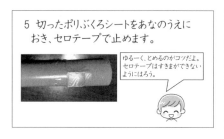

5 切ったポリぶくろシートをあなのうえに
おき、セロテープで止めます。

ゆるーく、どめるのがコツだよ。
セロテープはすきまができない
ようにはろう。

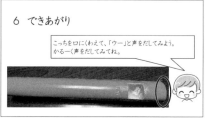

6 できあがり

こっちを口にくわえて、「ウー」と声をだしてみよう。
かるーく声をだしてみてね。

※低学年の場合は、1、2、3までを事前に準備しておくとよいでしょう。

※バトンは細いものを使います。ラップの芯などでも構いません。

※長さが短いと、人の声が聞こえてしまうようです。20センチぐらいの長さ
の方が、楽器らしく聞こえます。長さや大きさを変えて、いろいろ試して
みてもよいでしょう。

※ポリ袋は、ぴーんと張ると音が出ません。適度にたるみをもたせてくださ
い。

（3）音を出して楽しもう

まずは、それぞれに音を出して楽しみます。また、「フーッ」と吹くだけ
では音は出ません。「ウー」と声を出すのがコツです。ダウンロード資料の
動画を参考にしてください。

（4）曲を演奏してみよう

みんなで曲を演奏します。最初は全員一緒に、次は『かえるのうた』など
の輪唱をします。中学年、高学年では合唱曲を演奏しても構いません。簡単
におもしろい音が出ますので、演奏会でうけること間違いなしです。

第2節 オリジナル「サンバ de 『〇〇』」

1 国際化社会における学校行事と音楽学習

　国際化が進んでいると言われて久しい日本。暮らしの中で、諸外国から来た人々と出会う機会が多くなってきました。2018年の法務省の調査によれば、日本に暮らす在留外国人の数は263万7千人にのぼり、これは日本に在住する人の2％にあたります。子どもたちが過ごす学校も国際化してきました。2020年の文部科学省の調査によれば、小学校に約7万1千人、中学校に約2万8千人の外国人児童・生徒が在籍し、近年増加傾向にあります。ここまでに示したのは外国籍の人々のデータですが、日本国籍であってもさまざまなルーツの人々がいます。日本の国際化・多様化は今後も加速していくことでしょう。

　そうした中で、音楽科、そして学校行事にはどのようなことが重要になってくるのでしょうか。もちろんこの問いに対する唯一の正解はなく、多様な答えが考えられますが、大切にしたいことの一つが、異なるよさ・おもしろさを互いに認め合い、尊重しあう学習の場づくりです。世界には多様な音楽が存在し、異なる音楽的価値観が存在します。日本の長唄の発声には独特のよさがあり、アフリカのカンコベラ（親指で奏でる楽器）の音色にも独特の美しさがあります。それぞれの音楽がもつ魅力を子どもたちが味わいながら、親しんでいけるように、指導を工夫したいものです。

2 サンバ

　本節ではブラジルの音楽であるサンバを取り上げます。ブラジルは日本とゆかりが深く、日本には19万人以上のブラジル国籍の人々が暮らしています。子どもたちにとって身近な楽曲をサンバにアレンジして、ノリノリの音楽を

つくりましょう。

　アレンジといっても難しいものではありません。ここで紹介する典型的なサンバのリズムを重ねてアンサンブルにし、それに合わせて『チューリップ』『かえるのうた』や校歌などの慣れ親しんだ4拍子や2拍子の楽曲を演奏するのです。例えば、鍵盤ハーモニカやリコーダーで演奏したり、歌唱したりするとよいでしょう。そうすることで、サンバと童謡が融合した「サンバ de『○○』」の完成です。

　全身でサンバのリズムにノッてお客さんとともに踊れば、学校行事がぐっと盛り上がるオリジナルのパフォーマンスがつくれます。すでに親しんでいる歌を使うので、子どもたちにとっては楽しく自信をもって発表できるものになり、表情にも余裕が生まれ、多くの人を惹きつけることでしょう。

（1）サンバのリズム・パターン

　典型的なリズム・パターンを紹介します。スライドを投影し、口で唱えながら手拍子することから始めてみましょう。それぞれ1小節のリズムですが、これをずっと繰り返して打ちます。

　慣れてきたら、複数のリズムを重ねてアンサンブルにしていきます。教師が4拍のビートを鳴らしながら、それに合わせて打つのもよいでしょう。

①「なんだかんだ」のリズム

これは、スルドなどの重低音が出る打楽器で打つリズムです。合奏全体を

支えます。

② 「おかか　かけた」のリズム

　　これは、クラベスやカウベルなどの比較的軽い音色の打楽器で打つリズム
です。サンバを含むラテン音楽に共通して用いられます。

③ 「カンカンだよ　カンカンになった」のリズム

　　これは、アゴゴベルで演奏されることの多いリズムです。アゴゴベルが学
校にある場合には、上部のベルで黄色部分、下部のベルで水色部分を打ちま

しょう。2拍目と3拍目にシンコペーションが含まれていて複雑なので、子どもたちに合わせて少し簡略化してもよいでしょう。

④「シャカシャカ　ダカシャカ」のリズム

これは、モンキータンバリンという膜の張られていないタンバリンや、シェイカー、マラカスで演奏されるリズムです。16分音符のリズムが細かすぎて難しい場合は、8分音符にしたり、「ウン・タン・ウン・タン」と4分音符で打ったりしてもよいでしょう。

⑤「みなで　ダダダダ！」のリズム

これは、①〜④のリズム・パターンを重ねて演奏した後に、きりのよいと

ころで全員で音を合わせて鳴らすリズムです。ロックやジャズ、ラテンなどの音楽で「キメ（決め）」と呼ばれる、楽曲中の節目となるリズムです。

 ## 3　アンサンブルの流れの例

　ここでは、学校行事などで発表する際に、どのような演奏の流れが考えられるのか、その例を紹介します。

（1）演奏の開始はホイッスルで

　いつものような指揮による合図ではなく、ホイッスルで演奏開始の合図を出しましょう。「ピー・ピー・ピ・ピ・ピ！（♩　♩｜♩　♩　♩　♪）」のリズムがわかりやすいでしょう。サンバ・ホイッスルがあるとよいですが、体育の授業で使用する笛でも代用できます。

（2）リズム・アンサンブルによるイントロ

　先ほど示したリズム・パターン①〜④を重ねて演奏します。

　イントロが４小節もしくは８小節になるように続けるときりがよいでしょう。３小節目もしくは７小節目でホイッスルを「ピー・ピー！（♩　♩）」と鳴らします。続いて４小節目もしくは８小節目で、キメのリズムである⑤の「みなでダダダダ！」を演奏します。これでイントロが完成です。

（3）童謡などの演奏

①〜④のリズム・パターンを重ねたアンサンブルにのせて、『チューリップ』『かえるのうた』などのシンプルな童謡を演奏します。メロディを鍵盤ハーモニカで演奏したり、歌ったりしましょう。4拍子か2拍子の楽曲であれば、おおよそどんな曲でも大丈夫です。子どもたちと一緒に選曲するとよいでしょう。

（4）曲と曲の間はリズム・アンサンブルで

複数の楽曲を繋いでメドレーのようにするのもおすすめです。1曲を終えたら、リズム・アンサンブルを4小節もしくは8小節行いましょう。また、リズム・アンサンブルにのせて、観客とコール＆レスポンスを展開することもできます。「サ・ン・バ！」「オ・エ・オ！（サンバの定番の掛け声）」など4拍分の言葉を、リズムにのせて大きな声でお客さんとやりとりしましょう。一体感と盛り上がりを演出できます。

（5）エンディングは「みなでダダダダ！」

最後は、⑤のキメのリズムで終わりましょう。

 # 4　魅せるパフォーマンスへ

社会科の授業でブラジルについて調べたり、図工科の授業で衣装を作ったりして、総合的に理解を深め、パフォーマンスの質を高めましょう。ブラジルにルーツをもつ保護者の方をゲスト・ティーチャーに招いて助言をいただくのもよいでしょう。カリキュラム・マネジメントの観点からも有効な手立てです。

第8章

特別支援教育と行事

第1節 自己肯定感を高める きっかけづくり

 ## 1 できることをさらに伸ばす

　日本の子どもたちの課題の一つに、自己肯定感の低さがあげられます。国立青少年教育振興機構の『高校生の生活と意識に関する調査報告書―日本・米国・中国・韓国の比較―』（国立青少年教育機構青少年教育センター、2015年）によると、「自分には人並みの能力がある」という自尊心をもっている高校生の割合は、四カ国の中で最も低くなっています。

　自己肯定感を育むことは、何事にも主体的に一生懸命取り組もうとする子どもを育てることにつながります。漢字を覚えるときに、「自分はできる。」と思って取り組むのと、「どうせやってもできない。」と考えて取り組むのでは、結果が大きく違いますね。

　さて、障害がある子どもは自己肯定感が下がりやすい傾向にあります。なぜなら、「困りごと」を抱えているせいで、できないことや苦手なことがあるからです。障害がある子どもは、「友だちは上手にハサミを使うことができるのに、自分はできない。」などの経験を有しています。そのせいで、自信を失っていることも少なくありません。また、「怠けているのが原因だ。」「練習をたくさんしないから悪い。」など、叱られることも多いようです。これらの積み重ねで、自己肯定感が下がってしまうのですね。

　指導においては、特に「できることをさらに伸ばす。」という視点を大事にしたいものです。特別支援教育とは、「困りごと」を抱えた子どもたちの学校生活を支援する教育です。子どもたちの障害を「治す」教育とは少し違います。「できることをさらに伸ばす」という視点をもつことで、子どもの自己肯定感を伸ばすことができます。

　特別の支援が必要な子どもたちにとって、人前で発表する行事は大きなプレッシャーでもあります。ですが、発表が成功すると、大きな自信になりま

140

す。発表の場を上手に利用して、自己肯定感を高めましょう。

　特別の支援が必要な子どもについては、合唱や合奏など、みんなで合わせる前に、個別練習の時間をとっておくとよいでしょう。自信をもって演奏することができます。特別支援学級に在籍する子どもの場合は、担任同士が連携しておくことが大切です。休み時間などに発表する曲の CD などを流してもらうようお願いすることもできます。曲を覚えれば、練習も苦にならなくなります。

2　練習をサポート

　五線譜を読むのが苦手な子どもの場合、リズムや音の長さを感覚的に理解することのできる、図形譜などを作成するとよいでしょう。例えば、次のようなリズム楽譜です。

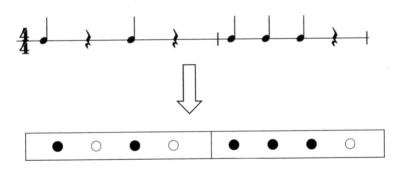

　手やカスタネットなど、音符の部分を●、休符を○で表記します。●○を作っておけば、並べるだけで OK です。マグネットなどでつくっておいて、小型のホワイトボードなどに貼りつけてもよいでしょう。

　鍵盤ハーモニカや木琴、鉄琴などの鍵盤楽器は、●に赤や青などの色をつけておきましょう。鍵盤にも色シールを貼っておけば、色を確認しながら演奏することができます。

　また、特別の支援が必要な子どもたちが使いやすいようにつくられた楽器もあります。例えば、置き型のミュージックベルです。一般にミュージックベルは手で振って音を出すものがよく見られますが、次のイラストのように、

置き型のものもあります。また、軽い力でも音が出るようにつくられたベル
もあります。ベルにはそれぞれ色がついていますので、色分けした図形譜を
作成するとよいでしょう。

　右図のようにリストバンドがついた
マラカスなどもあります。アクリルテー
プ（バッグの持ち手などに使われ
る）で代用することもできます。

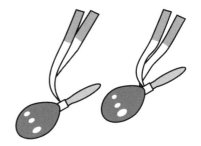

　その他、ヒモの長さを調節できるカ
スタネットなどもあります。指だけで
なく、腕などにつけて演奏することも
できます。また、吸盤をつければ、机
の上などにくっつけて、片手で演奏す
ることができます。

　右図のように机の上などにおいて、
片手で演奏できるトライアングルもあ
ります。

　また、演奏しやすいよう、指の位置
を変えることのできるリコーダーなど
も販売されています。

　トーンチャイムも、支援が必要な子どもに人気の楽器です。学校にあれば、
活用してみましょう。

第2節 行事で使える合奏譜

『ライブ！音楽指導クリニック①』では、特別の支援が必要な子どもたちへの「だけ」のワザを紹介しました。第2節では、「だけ」のワザを使った楽譜を紹介します。

　楽譜1は、『こいぬのマーチ』です。教科書などの合奏譜に加えてご使用ください。

　ドとシの二つの音だけで演奏できる副旋律のパートと、すずのパートがあります。副旋律は鍵盤ハーモニカやキーボードで演奏します。ドには赤いシール、シには青いシールを貼るなどの工夫をしましょう。楽譜にも同じ色のシールを貼っておきましょう。すずのパートは、手首を振って「シャラララ」と音を鳴らします。リズム打ちではありませんので、音が入るタイミングと終わるタイミングさえ覚えれば、自信をもって演奏できます。

　楽譜2は『茶色のこびん』です。リコーダーのミとファの音だけで演奏できます。左手は、すべてふさいだままでOK。右手の人差し指と中指だけで演奏できます。左手でうまく孔を押さえられないときは、セロテープで孔をふさいでおくとよいでしょう。副旋律は鍵盤ハーモニカ、キーボード、またトーンチャイムなどで演奏しても構いません。すずのパートは、『こいぬのマーチ』と同じように、手首を振ってください。

楽譜1

こいぬのマーチ

144

こいぬのマーチ

楽譜2

茶色のこびん

146

おわりに

　本書は、20年ほど前に出版された八木正一編著「音楽指導クリニックシリーズ」（学事出版）を参考に刊行しました。「音楽指導クリニックシリーズ」は、当時、中学校、そして小学校の現場で教員をしていた私のバイブルでした。同シリーズに一貫して掲載されていた、楽しい音楽の授業づくりの事例に、どれだけ助けられたかわかりません。今回、続編を刊行させていただいたことは、私にとってこの上ない喜びです。今回の「ライブ！音楽指導クリニック」でも、楽しく、わかりやすい授業をご紹介することをめざしました。

　近年、子どもが変わったという話を耳にすることが多くあります。確かに、20年前と比べると大きく変化した部分はあります。外で遊んでいた子どもたちは、ネットゲームに多くの時間を費やすようになりました。テレビ番組のかわりに、YouTube などの動画を視聴する子どもの数も増加しました。子どもの習い事も、サッカーやダンス、英会話、そして、最近では、プログラミングまでもがおこなわれるようになりました。しかし、楽しい授業、わかる授業で目をかがやかせる子どもの姿は、今も昔も同じです。子どもたちの本質は、変わっていないのです。

　本書をまとめるにあたり、監修の八木正一さん、多くの助言をくださった田中健次さん、すばらしい実践をご紹介くださった執筆者のみなさん、そして、これまで実践を積み重ねてこられたすべての音楽教師のみなさんに、お礼を申し上げます。

編著者　城　佳世

〈監修者〉

八木正一（やぎ・しょういち）　聖徳大学音楽学部教授

広島大学大学院教育学研究科教科教育学専攻修了（教育学修士）。高知大学助教授、愛知教育大学助教授、埼玉大学教授などを経て現職。著書『音楽指導クリニック・シリーズ』『新・音楽指導クリニック・シリーズ』他多数。

〈編著者〉

城　佳世（じょう・かよ）　九州女子大学人間科学部准教授

福岡教育大学大学院教育学研究科（音楽教育）修了。飯塚市立中学校音楽科教諭、飯塚市立小学校教諭、九州女子大学人間科学部講師を経て現職。福岡教育大学非常勤講師、九州産業大学非常勤講師、「ミュージックテクノロジー教育セミナー in 九州」事務局長を務める。著書『音楽室に奇跡が起きる―視聴覚機器＆ PC 活用で楽しさ10倍の授業』（編著、明治図書）、『音楽の授業をつくる音楽科教育法』（分担執筆、大学図書出版）、『新しい音楽科授業のために教科専門と教科指導法の融合』（分担執筆、ミネルヴァ書房）、『楽譜の読めない先生のための音楽指導の教科書』（編著、明治図書）他。

〈分担執筆者〉

田中健次（東邦音楽大学音楽学部）第 1 章第 4 節、第 2 章第 2 節、第 4 章第 3 節、第 5 章第 2 節、第 6 章第 1 節

佐藤慶治（鹿児島女子短期大学）第 2 章第 1 節

山本真紀（茨城キリスト教大学）第 2 章第 3 節

門脇早聴子（茨城大学教育学部）第 3 章第 1 節

瀧川　淳（国立音楽大学音楽学部）第 6 章第 2 節

森　薫（埼玉大学教育学部）第 7 章第 2 節

ライブ！ 音楽指導クリニック③
学校行事で使える音楽活動のアイデア

2021年 6 月16日　初版第 1 刷発行　　　　　　　JASRAC 出 2103813-101

編著者──城　佳世
監修者──八木正一
発行者──花岡萬之
発行所──学事出版株式会社
　　　　　〒 101-0021　東京都千代田区外神田 2-2-3
　　　　　電話 03-3255-5471
　　　　　http://www.gakuji.co.jp

編集担当　株式会社大学図書出版
イラスト　海瀬祥子（フリー素材除く）
装　　丁　精文堂印刷デザイン室　内炭篤詞
印刷・製本　精文堂印刷株式会社